講話集4

想いが世界を創っている

五井昌久

白光出版

著　　者（1916～1980）

講話集　刊行にあたって

五井昌久先生は、昭和三十年代から昭和五十年代初めにかけて、千葉県市川市の新田道場や聖ヶ丘道場（当時）をはじめ、さまざまな場所で講話会を開かれ、人々に生きる勇気と感銘を与えてこられました。

本書は、そうした五井先生の講話のうち、機関誌や書籍に発表されていなかったものを時系列にまとめたもので、これがシリーズ第四集目となります。

お話はたいてい質問に答えてなさったもので、日常の身近な問題から、ひろく世界の平和や宇宙の問題、霊界や死後の生活のこと、永遠の生命のこと、霊性開発という本質的な問題、またご自分のことなど、極めて親切に、分かりやすく、また面白く説いてくださっています。それらを通して、人間とは何か、いかにして自由無礙の心に至れるかを知ることが出来ます。

そのような自由無礙の生き方を誰しもが出来る日を、五井先生は天界で待っておられるに違いありません。

平成二十六年十月

編集部

目次

想いというのが大事

講話集4

想いが世界を創っている

未来がひろがってゆく

（昭和35年8月18日）
飯田橋・東京割烹女学校にて

神様は本店、人間は支店

この人間の世界というのは、皆、人間の想いが創っているんです。想いを出す原動力はどこにあるのかというと、それは神様のいのちの力から来ている。その力というのは資本金のようなものです。神様がお前にはいくらやる、お前にはいくらやる、とくれるわけです。もらった生命力は、自分の自由に任せられて、自分たちが自由に使うわけなんです。神様が本店とすれば、人間は支店になるんです。それで各自が支店長なんです。

支店長の采配によって全部が動くわけなんです。支店長の能率が悪ければ、支店は借金を積んじゃうわけです。支店長が一生懸命働けば、今度は富を積んでゆくわけです。

それと同じように自分の運命というものは、神様の生命《いのち》をもらって、生命の力を使って、自分の運命を自分が作るわけなんです。自分が作るというけれど、今生だけの三十年五十年の期間に作ったわけではなく、前の世もその前の世もあって、過去世からいろいろ積み上げてきたものが、今現在の答えとなって出ているわけです。だから現在、たとえば貧乏で困っているような人があれば、過去世においてその貧乏の種があるわけなんです。それが答えとして今出ているわけ。今、富んで富裕で何不自由なく暮らしていられて、しかも心もいいとすれば、それは前の世の溜めておいたものが今返ってきて、ここに答えとして出ているわけなんです。

だから自分の環境がどんなに悪かろうと、それは誰を責めることもないわけ。自分が作った環境なのね。それからたとえば、自分がとてもいい生活をしている。楽々と暮らせるという人がいるとしますね。それで心優しいとする。それが自分が過去世において働いたものが、ここに返ってきて、そこで実っているわけです。ところがいい人でもって、お金を持ってたり、何も不自由ない人がいます。それで心もいいと。その人が世界の情勢の悪さや貧しい人を見たりすると「ああこんなに楽にしていられて有り難いけれども、あんなに貧しい人やあんなに苦しんでいる人がいるのに、こんなに豊かな暮らしをしていていいのだろうか?」と今度は自分を責めちゃう場合があるんですよ、いい人というのは。それで悩む人が随分あるんですよ、日本には。

その人が貧しい人のことを思って悩んだからといって、それは何もならないことなんです。かえって自分のいのちを乱してしまうだけなんです。与えられたものは与えられた環境があるんだから、それは感謝しながら使えばいいわけです。たとえば皆が倹約しちゃって、金持ちも倹約しようとしたら、この経済界は成り立たないわけですよ。金持ちはどんどん金を使って贅沢をしてくれないと、商売成り立たないですよね。会社なんかだめになっちゃう。金持ちが金を使うということは、やはり皆のためになっているわけなんです。お金のある人はどんどん使ったらいいです。どんどん贅沢したらいい。それを贅沢したら皆に悪いから、と金持ちが貧しい人と同じような生活をしてごらんなさい。経済界は動かなくなります。この世はうまく出来ているんですよ。そういうように思って、どんどん金を有効に使ったらいい。お金持ちがあったらばですよ。この中にもあるんですよ（笑）

何も人が貧しいから、自分も一緒に貧しくなろうとする必要はない。本来は神の子なんだから、皆貧しいわけはない。本来富んでいて、平和でお金もあり、何不自由ないのが本当の生活なんです。天国というのは何不自由なく暮らせて、しかも金銭に把われない。欲望に把われない。そういう精神状態の場所を言うわけなんです。だからお金を持っていたら、お金を有効に使えばいいです。お金を持たないで貧乏な人は「ああこれは前生でもって、お金を粗末にしたから、こうやってお金の有り難さを、今知らされているんだ、お金さん有難うございます」とお金を有り難がって、それで一生懸命、働けばいいんだ。

そういうことがわかってくると、今度お金が出てくるんですよ。お金にも心があって、想いが伝わるんで、お金をあまりばかにしていると、お金はなくなりますよ。宗教家なんかでも、とてもお金を嫌う人がいる。私もその一人だったんですね。もう今はそうではないですけれど。昔はお金をくれると逃げていたんだから。おっかねえおっかねえ、と言って（笑）何かお金をもらうと、自分の徳が減っちゃうような気がした。人を救うでしょ。救うと徳を積んだわけですね。ああ人を救った、病気を治した、これで徳を積んだ、と思っている。お礼を貰っちゃうと、差し引きゼロになっちゃって、なんだか徳が減って、なくなっちゃうような気がして、それで逃げていたんです。腹を割ればそういうものなんです。それからお金を貰うと恥ずかしい、という感じがある。穴があったら入りたいような気がした。そういう時代がありました。それは一つの把われなのです。

そういうことに把われなくなって、人を救ってお金をくれたら、向こうが感謝でくれるんだから、有難う、と貰っておけばいいんです。今なら「有難う」と貰えるんですよ。いくらでも持ってきてください（笑）昔は貰えなかったの。しかし貰おう貰おうとするのもいけないし、嫌だ嫌だというのもいけない。当たり前に素直にしていればいい。貧乏の生活の中にいたらば、貧乏なら貧乏でそれはそれでいいですよ。何故かというと、前の世の借金をそこで返しているわけですから。それでお金の有り難さをしみじみ知って、それで守護霊守護神[注1]に感謝して「私はすっかりわかりました。どうか私の天命が完うされますように、世界人類が平和でありますように」とやりますと、今度はお金が入ってくるような道が自然に開いてくるんです。

お金を拒否していた想いが貧乏するし、お金を粗末にしていた、有効に使わなかった前の世のものが今生に来て、貧乏になるんですよ。今生だけで考えてもわかりますよ。この世だけでも若い時にお金を粗末にしていたら、老人になったら貧乏になりますよ。それと同じように、それが前の世、前の世と続いているんです。だから貧乏の人はそれを観念しなければならないし、金持ちの人は有り難がってお金をいいほうに使えばいいんです。

把われがなくなると、神様のいのちが生きてくる

というようにすべてのことに把われがなくなりますと、神様のいのちがそのまま生きてくるんです。神様のいのちがそのまま生きてくるということは、資本が循環してゆく、要するによく回るわけですね、純粋に回ってゆくわけです。そうすると、どんどん富が増えてゆく。富というのはお金のことばかりではありませんよ。この世において霊光がどんどん増えてゆく。霊の力がだんだん増してくるという意味です。そういうようにいのちというものを、素直に自由自在に動かしていれば、その人は幸せなわけだし、神様のみ心をこの世に現わしているわけなんですね。

ところが今までの宗教というのは、どういう形をとるかというと、いのちの自由を奪ってしまうんですよね。こうしなければいけない、ああしなければいけない、毎朝、神様にお水をあげ、晩には何々してと決めちゃうんですよ。どこどこにお参

りしなければならない。身延山なら身延山に行かなければならない。何か形を決めてしまって、こうしなければいけない、ということになっちゃう。いけないということになると、不自由になっちゃうんです。人間というのは、自由に出来ているものだから、貧乏するのも、苦しむのも、幸福になるのも、みな自分の自由に与えられているものなんです。だからはたから、こうしなければいけない、ということは言うべきことではないんです、本当は。自然にそうするように向けていかなければならないです。

それを今までの宗教というのは、大体がこうしてはいけない、と言う。ひどいのになると罰が当たると言う。バチだのバツだのと言っても、そんなに当たるものじゃない。自分の業想念が消え(注2)てゆく姿として現われてくるのが、バチが当たったように見えるだけであって、自分が自分を傷《いた》めているだけなんです。いいことをしながら貧乏したり、いいことをしながら年中病気したりしている、のがありますね。これは心の在り方を知らないのです。自分が常に何かしら、自分で自分を痛めている。自分を苛めている人は必ず苛められた状態が現われてくる。

良い悪いというのは、どういうことかというと、いのちを自由に生かしていることが良《い》いことなんです。いのちを粗末にしているのが悪いことなんです。この世に生まれてきて、何もしないで、人のために何もしないで、のうのうと食べて生きている人は、いのちを粗末にしている人だから、あの世に行ったら、そのまま想いの姿、いのちを粗末にした姿が現われるわけ。苦しい世界が現われる、という意味ですよ。今度は無理やり働かなければならないような世界が現われてくる。それは自分の想いだから仕方がない。だからこの世においては、いのちを自由にする、何も把われないということが大事なのです。

善にも悪にも把われない

把われないということは、善にも把われてはいけない、ということですよ。悪には把われない人は随分あります。宗教なんかやっている人は、悪いことはしまいしまい、と思うんです。ところがあまり悪いことをしまいと思って、いいこともしなくなっちゃう。怖くなっちゃう。ああしちゃいけないだろう、こうしちゃいけないだろう、と年中、いけないいだろうと自分の心を計《はか》っている人があるんですよ。いちいち自分のやることを計っていたら、何も出来やしませんよね。なんでも瞬間的に決めるものなんです。パッパッと瞬間的に。

武芸をやっても、瞬間的に向こうはどこから打ってくるかわかりやしない。こう打ってきたらこうよけて、ああ打ってきたらこうさけて、と言ったって、その場にどう打ってくるかわかりはしないでしょう。自分で勝手に決めてはいけませんよ。自分で勝手に決めて、こう来たらこうやろう、ああ来たらこうやろう、というような想いでやっているうちは、それは把われになってダメになっちゃう。負けてしまう。

把われをなくす、ということが禅宗においても極意なことだし、私たちの会においても極意なことなんです。把われをなくすにはどうしたらいいか？　一番いいのは消えてゆく姿なんですね。どんな良いことが現われても、どんな悪いことが現われても、それは過去世の因縁が消えてゆく姿であって、それは今の自分とは何も関係ない。前の世の自分とは関係あるけれども、今の自分とは関係がない。だからそれは消えてゆく姿として、世界平和の祈り（注3）の中に入れちゃう、と、今度は今の自分と関係ある。

世界平和の祈りに入る時には、自分とも関係あるし、永遠のいのちとも関係がある。永遠にひびき渡っているいのちとも関係あるし、今生きている自分とも関係あるわけです。今、現われてくる悪いことや良いことや、この世の中に現われてくるすべてのことは、今の自分とは関係ない。それは前の世の借金、善業悪業がそこに現われてきて、流れていって消えてゆく姿なんです。今の自分と関係あるのは何かと言うと、神様の中に入ってゆくことだけなんです。

世界平和の祈りの中に入ってゆくと、神様の中に入ってゆく。世界平和の祈りの中に入ってゆくと、永遠の自分とも関係があるし、今の自分とも関係がある。わかります？　今、神様！　と思うことは、永遠の生命というものを自分の中で生かしていることであるし、また未来の運命を開いてゆくことなんです。自分はいいんじゃないか、悪いんじゃないか、あいつは良いとか悪いとか言っているその想いは、未来とはなんの関係もない。過去の因縁に把われている姿なんです。わかりますか。だから今現われている貧乏であろうと、病気であろうと、不幸であろうと、いい心であろうと悪い心であろうと、相手が悪かろうと、自分が悪かろうと、そんなものは未来にはなんの関係もないのですよ。永遠の生命とはなんの関係もない。過去と過去世の因縁が消えてゆく姿として、現われてくるだけです。

そんなものをつかまえて、どんな立派な理屈をこねたってそんなものは何もならない。それは消えてゆく姿なんですよ。そこでそういうものが現われてきたら、把われまいと思っても把われてしまうから、把われたら把われたでいいから、把われたままで世界平和の祈りの中に入ってゆけば、神様につながる永遠に光り輝くいのちにつながることになるんです。過去世の因縁が現われてきた時に、それを餌にして世界平和の祈りに入っちゃう。神様！　と入ってゆく。そうすると過去世の因縁が消えてゆくと同時に、永遠の未来のいのちが広がってゆくわけです。未来の運命がいいほうに決定するわけなんです。そういう教えを私がしているわけです。

それをもっとも端的に実行できるのが、この統（注4）一会の統一の行なんですね。統一行をしていますと、いやでも世界平和の祈りをやりますから、すーっと入ってゆく。そうするとこちらは柏手でどんどん上のほうに上《あ》げてゆく。そうすると世界平和の祈りの大光明の中に知らないうちに入っちゃう。入ると、世界平和の祈りの大光明がこの体の中に入ってくる。くると過去世の因縁がそのまま消えてゆく。消えてゆくと、自分の中に光が入ってくる。分霊の光がますます強くなってきて、光ってくる。どんどん光ってくる。これは宇宙大に光れば、聖者ということになっちゃうんです。

私たちの宗教は把われをなくすことなんです。知らないうちに把われている自分がなくなっていて、安心立命している自分がそこに現われてくる。知らない間に現われてくるんです。むきになってやるんではないんです。統一でもむきになって「世界人類が平和で……」と力を入れてやってもだめなんです。くたびれちゃいますよ。これじゃ統一じゃなくて力んじゃうでしょう。力みは自力と言うのです。私どもはそんなことは言わない。世界平和の祈りを最初に、村田（注5）さんや斎藤（注6）さんなりが言うでしょう。言ったひびきにのって、自分も〝世界人類が平和でありますように〟と言って、そのまま続けてやっていればいい。世界平和の祈りが途中で切れたら切れてもいいし、ぼやっとしたらぼやっとしてもいいし、いろんなことが走馬灯のように浮かんできたら、浮かばせたままでいいし、そのままでいいわけです。そうすると救世の大光明が私の体を通して柏手になって、みんなの業想念の波を消してくれるわけですよ。

そうするといつの間にか自分は、世界平和の大光明の中に知らないうちに入っている。入っているといい気持ちになる。いい気持ちになったということは、業が減ったということです。雑念が出てきたということは、中にあるものが外に出されて消えてゆく姿なんです。二回目、三回目或るいはその次になれば、またよくなってくる、というわけなんですよ。

把われなければこの世はよくなるんですよ。なまじ把われているばかりに、この世は悪いんです。

宗教というものは、本当は迷ったものを救おうと思って現われたわけなんです。教祖というのは皆、体で現わしたわけです。皆自分が行ないで示したものが、その場に居合わせた弟子、キリストならキリストにじかにあった人、お釈迦様にじかにあったような人に伝わった。そういう人たちからだんだん離れて、末法、末世になってくると、だんだん偉くない人が多くなってくる。その中にたまたま偉い人も出てくるけれど。そういうふうに、教祖というもの、体験した人はそのまま体で現わすんですよ。だからその人の衣の袖にふれてもよい影響があるわけです。話を聞くだけではない。衣の袖——そのそばにいけば雰囲気として、その人の光にあって、自分は浄まってゆくんですね。

ところが今までの宗教家というのは、自分が体で示さないんですよ。言葉だけで示す。お説教をする。お説教という言葉だけで聞かせようとする。イエス様はこうおっしゃったとか、お釈迦様がこうおっしゃったとか。おっしゃったと過去のことを言われても、しようがないですよ、そんなもの。「私はこうやりましたよ」とやった人がそこにいるんだから、ああそうだと思いますね。

これからの宗教というのは、自分が身をもって現わすことですよ。旦那さんが宗教的でなかったとすれば、奥さんは自分が身をもって現わす。どういうことを現わすかと言えば、愛情を現わせばいい。一家の中にあっては愛を現わせばいいんです。やさしい心づかい、思いやりです。旦那さんが酔っ払って遅く帰ってきても「会社が忙しかったんだろう、大変なことだな」というふうに愛情で優しくしてやれば、どんなにきかない旦那さんだって、自分が悪いことをしても優しくされれば、いつの間にかよくなりますよ。

旦那さんなら旦那さん、奥さんなら奥さん、子どもなら子どもに現われている業を摑んで、これは違う、とやったら、自分が低くなったことです。業の中に入っちゃって、地獄に下《さが》ってゆく。下にゆくエスカレーターにのっちゃったようなものだ。上に昇ろうと思って下に下ってゆくようなものです。業のエスカレーターにのれば下に下ってゆく。真理のエスカレーターにのれば、上に昇ってゆく。現われてきた業を摑んで、一緒に下ってゆくことはない。

自分にどんなに都合の悪いことが現われても、嫌な人が現われても、あくまでもそれは消えてゆく姿なんです。この消えてゆく姿という言葉は短い、かなにしても八字しかないでしょう。だけどもこれは実に素晴らしいことばなのです。何か出ても「ああこれは消えてゆく姿」自分のところに悪いことが出てきても、自分の想いの中に悪いものが出てきても「ああこれは消えてゆく姿なんだなァ、過去世のものが消えてゆくんだなァ」と思えば、それだけでも少しはゆるされますよね。

消えてゆく姿がなかってごらんなさい。ああ私は悪いやつだ、いつまでやってもだめだーとなっちゃうでしょう。消えてゆく姿ということがわかってくると、楽ですよね。この消えてゆく姿を教わって、実に楽になった人が随分多いんですよ。しかも消えてゆく姿というものを消してくれるものがある。それは何かというと救世の大光明。世界平和の祈りが消してくれるんですよ。だから消えてゆく姿で世界平和の祈りをやっていれば、これは絶対に間違いがない。

（注1）巻末参考資料の176頁参照。
（注2）消えてゆく姿とは、怒り、憎しみ、嫉妬、不安、恐怖、悲しみなどの感情想念が出てきた時に、それらは新たに生じたのではなく、自分の中にあった悪因縁の感情が、消えてゆくために現われてきたと観ること。その際、世界平和の祈り（注3参照）を祈り、その祈りの持つ大光明の中で消し去る行のことを「消えてゆく姿で世界平和の祈り」といい、この行を続けると、潜在意識が浄化されてゆく。
（注3）この祈りは、五井先生と神界との約束事で、この祈りをするところに必ず救世の大光明が輝き、自分が救われるとともに、世界人類の光明化、大調和に絶大なる

働きをなす。世界平和の祈りの全文は巻末参考資料の175頁参照。

（注4）統一とは、自己の想念が自己の本心、神のみ心と一つになること。また、そのために行なう行のことであり、かつて千葉県市川市に本部（聖ヶ丘道場）があった当時、定期的に統一会が行なわれていた。

自己の想念が本心と一つになると、自ずから愛と真と美の正しい行為が自己の日常生活の中に現われてくる。

（注5）村田正雄氏。一九〇六年、滋賀県に生まれる。（株）コロナ電機工業社長。白光真宏会元副理事長。著者の提唱した祈りによる世界平和運動に挺身し、多くの悩める人々を救った。一九九四年逝去。『私の霊界通信』（全五巻）『空飛ぶ円盤と超科学』『宇宙人と地球の未来』『霊界に行った子供達』などの著書がある。

（注6）斎藤秀雄氏。一九三三年より四七年まで、満州大連に渡る。種々さまざまな職業を経て、一九五三年、五井先生につながり、〝祈りによる世界平和運動〟に挺身、東奔西走した。白光真宏会事務局長、副理事長を歴任。一九八四年逝去。『霊験巡講記』『光のドーナツ（童話集）』などの著書がある。

坐禅と統一の相違

（昭和35年8月18日）
飯田橋・東京割烹女学校にて

内なる神仏を出す方法

禅が今、非常にはやって、アメリカでも禅というものを盛んにやっているわけですが、坐禅と私たちのやっている統一とは、どういうふうに違うのか、という質問が今ありましたので、その質問に答えましょうね。

宗教が一番求めているのは何かといいますと、この世の想いに把われない、空《くう》になるということ。空になって自分の本心、本体、仏教的に言えば自分の中の仏を出す、ということです。これが一番の根本問題なんです。仏教では外部的な神というのはあまり話にならない。神というのを全然認めていないわけではないけれど、神と言わないで中の仏を出すという。だから造物主というものを認めていない。人間というものが主になっている。

この世の中は業で出来ている。十二因縁ですね。因縁が和合していろんなものが出来ているんだから、因縁の和合によってはいくらでも運命は変わってくるわけですね。だからすべてが人間自体の責任なわけです。人間は責任を負っている。

人間が安心立命できるにはどうしたらいいか、というと、いろいろの因縁、私たちの言っている業想念を超えて、解脱《げだつ》して、空《くう》の境地になって御仏の姿を出すのだ、というのが仏教、しかも禅などの一番極意の教え方なんですね。そこで禅宗ではどういうようにするかというと、坐禅観法といって、坐らせるわけです。結跏趺坐《けっかふざ》して、空《くう》になる。いわゆる因縁に把われなくなって、因縁の世界を超えて、御仏が中から出てくる。今までのいろんな想いを一遍なくすわけです。想いを無にして、そこから本当の人間が現われてくる、仏が現われてくるという修行をするわけです。

禅では坐るんですね、老師がおりますけれど、老師は直接関係しないんです。個人個人が自分の力で自分で坐るわけです。自分だけの立場で坐禅観法して空《くう》になる、という方法をやるわけです。ところがこれはなかなか難しいのです。山に入ってお寺に入って、長い間かかって、一生かかってやる人もあります。それは坊さんにならなきゃやれません。在家の人、日常の社会生活を送っている人々にとっては、お寺にこもって禅定を組んでいる、ということにはいかない。

教えとしては立派ですが、実際問題として真に禅にとり組んだ場合、真剣になって山にこもりきって、寺にこもりきらないと、本当の空《くう》になるわけにはいかないのです。常住坐臥《じょうじゅうざが》、寝ても起きても醒めても歩いていても統一する。いわゆる空になる練習をする方法があります。坐禅というのは坐っているだけが坐禅ではなく、常住坐臥、歩いていても寝ている時でも仕事をしている時でも、坐禅の気持ちになれ、と言うんです。けれど目標がないんです。はっきり決まっていないんですね。だから臨済禅ではいわゆる公案《こうあん》という題目を出すわけです。題目を出して題目に向かって一生懸命集中してゆくわけです。

ところが題目を出されてもなかなか集中できなかった、坐禅観法で、禅宗なら禅宗だけで、本当に人間が空《くう》になれて、仏の姿を出していられるのだったならば、こんな世界は来ないわけなんです。随分長い間の宗教なんですからね、そこで神様は、自分だけで個人個人がはなればなれになって坐禅を組んでも、なかなか空《くう》になれるものでもなく、本心の仏を出すわけにもいかないから、はなればなれになってはいけないというので、各自についている守護霊守護神が一つになって、救世の大光明というように光を一杯集めたわけです。守護神が数多くなってくると、光がよけい強くなるわけです。

救世の大光明の援け

そういう原理で守護霊守護神が集って、救世の大光明の集団となった。それが直接、一人一人に働きかけるような統一方法でなければ、すみやかに時間をかけないで、楽に統一して仏を出す、いわゆる解脱する、業想念に把われなくなる、というような境地に導くわけにいかないんです。そこで私たちの世界平和の祈りの会というのは、坐禅なら坐禅でやっていると、一つの範囲が狭いわけです。一人に対して一人の守護霊守護神というものが働きかけていたのが、守護霊守護神が横に手をつないで、救世の大光明といって大円光になって、光がうんと強まったものが働きかけている。強まったものが世界平和の祈りで統一すると入るわけです。

空《くう》になるのを邪魔している、本心を出すのを邪魔している業想念というものを、大きな円光がいっぺんに砕いてゆくわけね。浄めてゆくわけ。だから今まで宗教をあまり知らなかったような、統一などもしたこともないような人が、ズーッといい気持ちになって、魂が天界に昇っていったり、横にズーッと広がっていったり、いろんなものを見たりするわけです。そういうふうになる。

それからもう一つ禅宗の坐禅と違うところは、いわゆる霊眼で神様を見た。仏様を見た。いろんな情景をこの統一会では見ますね。ところが禅のほうでは、そういうものは一切いけない、ということになっているんです。目に見えたりするものを全部否定するわけです。坐禅というのは空《くう》になることだから、何もなくなってスーッと澄みきる境地だけを目指すわけです。いろんな段階があるんだけれど、いろんな段階をみな押しのけて、一番高いところだけを目指すんです。高い澄みきった境地、本当の空《くう》になった境地だけを目指すわけなんですね。あとの見えたり聞こえたりするのを、魔界と言ってみな否定しちゃうわけですよ。

ところが実際問題として坐りますと、統一しますと、いろんなものが見えたり、聞こえたり、いろんなことが感じられたりする状態が続くわけです。いっぺんに何もなくなって、澄みきった状態にいっぺんにゆくわけにはいかないんですね。その間、いろいろなものが出てくるわけです。上の境地になってもいろいろ見えたりすることがあるんです。見えたりするのを否定していますと、見える境地だけしかいかない人もたくさんいるわけで、そういう人たちは迷ってしまうんです。

禅宗の老師はいけない、というけれども、どうしても私はいろいろなものが見えてくる、感じてくる、わかってくる。それはいけないんだと言われても、私はわかっちゃうんだから仕方ない、というような質問が、私のところに来たことがあります。老師は「いけない、魔界だ、そういうものは全部否定しなければいけない」と言う。十年も十五年もやっているけれど、どうしても見えたり聞こえたりする。幻覚のように見えたりするんじゃなくて、仏の姿を見たり、守護神が見えたり、いろいろなことがわかる。いくら否定してもわかる、とその人は言うのです。それで悩んで相談に来た。

それはどういうことかというと、何回も言うけれど、禅宗ではいっぺんに空《くう》になって、いっぺんに悟りの境地になる、そればかりを目指すわけです。そこに至る道程は全部粉砕してしまうわけです。だからこの世でどんなことが起ころうと、日常生活が問題ではない。すべてを問題にしないで、ただ一番高い天辺だけを狙うわけです。

私の会というのは、高い天辺だけを狙っているわけではないんです。人が寄れば各人各様、千人いれば千人千様に皆違う境地があるわけです。一人一人が全部違う境地に住んでいる。前生において過去世において、いろいろ修行をした人もありますし、修行の足らない人もあるし、過去世の因縁がいろいろ違うわけですね。因縁に従って現われてくる境涯というものが違うわけですよ。同じ統一をしても。おわかりですか。そうすると或る人はものが見えてくることもあるわけです。或る人は見えないで、初めからスーッと統一して澄みきりになっちゃう人もある。澄みきりになった人がよくて、見えたり感じたりする人がいけない、というと、言われた人はそれでもう統一が出来なくなっちゃう。

そこで私どもはどうするかというと、見えたら見えたままで、それが邪魔にならないように、聞こえたら聞こえたままで邪魔にならないように、感じたら感じたままで邪魔にならないように、消えてゆく姿という教えがあるわけです。すべて現われてくるものは、みな、過去世の消えてゆく姿であって、人間というものは本来、神の姿がそのまま現われている神の子なんだから、光り輝いているものなんだ。その光を邪魔する、安心立命の境地を邪魔するものは、すべて業想念の消えてゆく姿なんだ、と教えているわけですね。だから見えてくる、聞こえてくる、そういうものが自分の邪魔にならないものなら、それでいいわけなんです。邪魔になるものはみな、消えてゆく姿ということになる。

それで面倒くさいから、見えるも聞こえるも何も全部、消えてゆく姿にして世界平和の祈りの中に入ってゆく。そうすると、世界平和の祈りの根本である救世の大光明、守護霊守護神のほうからその人をちゃんと、真正面《まとも》にその人が天命を完うさせるために、一番働きやすい方向に導いてくれるわけです。或る人は霊能があって、いろいろ人の心が見えたりするほうがその人にいい場合には、人を指導することが出来るようになる。或る人は見えたり聞こえたりしてはいけないから、見えたり聞こえたりすることを消してしまって、ただスッキリとさせる、というように守護霊守護神のほうでその人の天命を伸ばすために操作してくれるわけなのです。そういうところが違ってくる。

言いかえれば、こちらは全託の統一なんですね、すべてをおまかせしてしまって、すべてを神様の救世の大光明の中に、世界平和の祈りの中におまかせしてしまって、おまかせしたところから入っていって、救われる。もっと言いかえれば、南無阿弥陀仏と言って、みんな阿弥陀様におまかせしてしまって、弥陀《みだ》の方《かた》よりすべてを頂くんだ、という浄土真宗の教えのように、世界平和の祈りの中に入ってしまって、世界平和の祈りの中から改めて新生活をもらうわけです。そういう統一なんです。禅宗ではそうではないですね。いっぺんに仏様になる、というような、はたから助けてもらうのではないのです。そういうことは一切ない。自分個人が空《くう》になるというやり方をしているわけですね。坐禅観法というのはそういうものです。だから居眠りしていれば、棒で打たれちゃう。ところが私どものは居眠りしていようが、いびきをかこうが、こっちは何もぶちもしなければ、肉体的には干渉しないんです。霊的にはうんと干渉している。

霊的には干渉しているから、何か変なものがよってきて危うくなれば、ちゃんとこっちから祓っている。曲りそうになれば真直ぐにする、というように、後ろから守護霊守護神がみな守っているわけなんです。禅宗だって実際は守っているんですよ。みな守護神が守っているんだけれど、それは一人に対して一人、その人個人だけしかないのです。個人だけを守っているわけ。

うちのはそうではなく、救世の大光明として守っている。だから一に対する何百、何千という力が、一人に対して守るわけです。だから統一が楽に出来て、危な気がなくて、かなりやすやすと上達してゆくわけです。そういうことになるんですよ。

神のみ心が行ないに現われてくる統一行

（昭和35年12月3日）

想いをどこに入れるか

統一と申しますのは、一言で申しますと、神様と自分が一つになる、神様の中に自分が入ってしまう、言いかえると自分の本心の中に自分が入っていって、本心と現われの自分、想いのほうと光のほうがピタリと一つになってしまう、ということなんです。

ふつうの場合、お酒を飲んでお酒に統一しちゃう、恋愛なんかに統一する場合もありますし、映画なんかに統一する場合もあるわけですね。本当の統一じゃないけれど、想いがどこかに入ったんで、入る場所が神様の中ではなくて映画の中に入る、誰かの中に入ってしまうわけね。それでも言葉では統一というんです。

それから自分一人で気持ちよくなって、自己陶酔ですね、たとえば自分が素晴らしい文章を書いたと思って自己陶酔するとか、作曲してみて、よくもないのに良いと思って陶酔したり、いろいろあるわけです。歌謡曲の中に統一する人もあるし、ジャズの中に統一する人もあるし、ロカビリーなんかに統一している人もあるでしょ。

でもそういうのは統一じゃなくて、要するに自分の想いがどこかへ入るんですよ。そこで宗教の中にでも、統一と似たような格好で統一になる場合がたくさんあるわけです。

たとえば南無妙法蓮華経の中に統一するような。南無妙法蓮華経とやっています。無我の境地だと言います。しかし自分というものがなくなったように見えるけれども、それは神様の中に統一したんじゃなく、幽界《ゆうかい》の想いの中に入ってゆくわけですよ。

人間の世界というのにはたくさん段階があります。一番上の、頂点の内奥の世界、奥の奥を探ってゆくと、本心の世界いわゆる直毘《なおび》・直霊(注7)の世界があるわけです。直霊の世界というのは大神様の世界と一つですから、唯一絶対なる神様が各直霊に分かれて、その直霊が分霊に分かれてここにくるわけなんですね。それで奥・奥・奥と統一してゆきますと、一番最後にゆくところが大神様の中、いわゆる直霊の中です。

大神様というのは「いのち」の元ですから、そこへ入っちゃったら、何も無くなっちゃうわけですけれども、その手前に直霊という働きの場所があるわけです。それは本心と言う。その本心の中に入ってゆけば、本当の統一であるわけです。ところがふつうの宗教の統一の場合には、そういうところまで入らないで、幽界(注8)の波の中に入っていって、そこで止まっていて、幽界の生物の波がかかってきて、自分がわからなくなったり、霊がかかりになったりいろいろするわけです。そういう世界があるのです。そういう世界を禅宗では魔境《まきょう》という。魔の境といって危ないから、統一したりする時、見えたり聞こえたりすることは危ない、と禅宗なんかでは言うんです。

いくら観音様が見えようと、仏様が見えようと、それは本ものではない、そういう世界じゃないんだと禅宗では言うわけですね。

ところが人間の素質というものはいろいろありまして、いろんなものが見える素質の者もあれば、見えない素質の者もあるわけです。見える素質の者には、見まいとしたって見えてきたりするわけだし、感じてきたりするわけです。それをただダメだダメだと言われると、その人が悲観しちゃって、かえって変になったりするわけです。

そこで私たちの統一会というのは、根本の一番根本の深い所を目指す、要するに無我というような、澄みきったもう何もない、自分さえもない無我の境地というのがあるんですよ。澄みきった境地というのがある。光り輝く世界よりももっと超えた、光も感じない何んにもない世界がある。そういう世界が全部広がっちゃった世界というのがあるんです。私たちの統一会はそういう世界にも行くわけなんです。統一の段階としては、いろいろな段階があるから、直霊の大神様のみ心につながった世界、その線につながって登っていけばいいわけです。

それがそうじゃなくて、横に入ってしまって、それで統一したと思う。自己満足しちゃって自己陶酔している。そういう自己陶酔の横の世界に入ってしまったのでは、いつまでたっても縦の大神様のところまでいかないんですよ。

この会で統一していても、自分ではいい気持ちになったという境地があります。始めはとてもいい気持ちでよかったんだけれども、だんだん慣れてきたら、いい気持ちということさえなくなっちゃった、何もなくなっちゃった、というような境地になることもある。それはいい気持ちという境地より悪いかというと、そうじゃない。やっぱり一つの段階でして、それからズーッと続けてゆくと、直感的にいろんなことが感じてきたりする。またその先をいって、今度は何も無くなっちゃって、ただ坐っているという境地、しかし悪い気持ちは勿論ない。しかし特別いい気持ちというんでもない。ただスーッとしているような、そういう世界がある。

もっともっとゆくと、今度は光の世界があって、光り輝く世界に出たりする。いろんな光の世界にいったりする。もっとゆくと、今度は澄みきったそれこそ、純一無垢な、きれいな赤児の心のような、言葉ではきれいとか美しいとか、光り輝いていると言うんじゃなくて、澄みきったなんにもない、もう紙一枚のへだてもない、神と自分とが全く一つになったような、そういう世界があるんですよ。

だからこれは言葉ではどうにも説明がなりませんけれども、言葉で言えばそういうわけなんです。だから自己陶酔みたいに、ただいい気持ちになったから「いい」と言うもんじゃないんですね。

神様のみ心が行為に現われる

それが今度は行ないに現われてくるわけです。統一の世界というものが、日常茶飯事の行ないに現われてまいりますと、その人のやっていることが神様のみ心に叶っている、いつどんなことをやっても、神様のみ心から離れない、ということになるわけですね。

神様のみ心から離れない行ないというのは、どういうことかというと、愛の行ないでしょ。愛というのはどういう生き方かというと、人のためを思うとか自然に思う。いい人でわざわざ人のためばっかりやっている人もあります。わざわざ人のためにやろうやろうとしてやっている人と、やろうともなんにも思わないで、別に自分に利益でないのに、いつでも人のために働いている人があります。自分では特別いいことをしたとも思わない。それなのに、いつでもその人の行ないはいいことだった。自分じゃ特別親孝行しようとも思ってない、親孝行したとも思ってないで、いつでも親のためを思って、親のために尽くしている、というようなこともありますね。そういう境地が神様のみ心の現われなんですよ。

神様と一つになるというと、いかにも難しそうだし、統一というとなんだか難しそうに感じるけれども、実はやさしいんですよ。神のみ心というものは、はじめから愛と真《まこと》と勇気なんだからね。

愛すること、人のために思うこと、人に迷惑をかけない、人のためになることをする。こんなことは子どもでもわかります。誠を尽くして嘘・偽りがない、誠の生活をするということでしょ。勇気をもって何ものも恐れまいというと言葉としてはやさしい。さてこのやさしい言葉を実際に実行にうつそうとすると、信仰心がないと崩れてしまうんですよね。

信仰心があって「神様は愛なんだ、大愛なんだ」と神のみ心の中に入っていれば、自分の行ないが間違うようなことがないんだ、というような深い信念があって、いつも世界平和の祈りのような、大きな光り輝く祈りの中に入っていると、ひとりでに神様のみ心が日常茶飯事に現われてくる。

ひとりでに神様のみ心が自分の行為として現われてきた時、それが本当に悟った時なんです。頭だけでわかってもだめですよ。頭の中だけで、神様とはこういうもんだ、直霊はこうなって分霊になって、守護神がこうあってああって、といくらわかったって、いくら自分がどういう神様の系統だとわかったたって、そんなこと頭でわかったってなんにもなりやしません。それは本当のものを知るための道具であって、頭でわかることじゃなくて、行ないで、心と体全部でわかって、行ないの中に現われてきた時に、はじめてわかったと言うんです。

それを間違いますと、人間に知識欲というものがあり、知識欲が満足するというのがあります。ああ神様ってこういうもんだ、ああいいことを教わった、わかった、ああよかったなァと頭でこう思うのね。守護神とはこういうもの、ああわかった。業というのは消えてゆく姿、ああわかった、よかったな、こんないい教えはない、とこうわかるわけです。頭の中でわかってくる。

さて頭の中でわかって、それでいい気持ちになっちゃって、自分の行ないのほうには使わないで、人を見る場合に使うわけね。たとえば病気の人がいる。痛い、苦しいで悩んでいる。そうすると「ああ病気は消えてゆく姿よ、ああ消えてゆくのよ」なんてアッサリやっちゃって、相手は痛い痛い、ああ苦しいとやっているのに、言葉だけで簡単に人に言うんです。

それより先にまず「ああ可哀そうだなア」という憐愍《れんみん》感、愛の心「ああこの人の魂は一生懸命やってんだな、あと善《よ》くなりますように」という祈りの気持ち、そういう気持ちがまず先に出て、それからですね「ああ苦しいでしょうね、大変ですね、しかしこれはネ、消えてゆく姿で、みんな過去のものが消えてゆくんで、あなたはますますよくなるんですよ、我慢しましょ、私も一生懸命祈るから、あなたも一生懸命お祈りしましょうね」というように順序立ててやれば、これはよく効くんですよ。頭ごなしに〝消えてゆく姿〟ってやられると嫌ですよそれは。そうすると昔の宗教に戻っちゃうんです。責められちゃう。

「あの人たちはわかっているんだろう、私はわからないために、こんなに痛い痛いって病気になったりして、苦しんでる私がわからないばっかりに、消えてゆく姿が出来なくて、あの人たちから見れば、私はただのカスに見えるだろう」とこういうようになって、ひがんじゃうわけ。そういうような話をポツポツ聞くことがあります。だから人に教える場合でも愛情があって「ああこの人一生懸命に業を消していらっしゃるんだな、よし一緒にともにお手伝いいたしましょう」という気が先にあって、心の中でそういう気持ちがあって、それから出てゆくと、はじめて「可哀そうだな、一緒にやりましょうね」という気持ちが出てくるんですね。

そこから始まる。そこから初めて消えてゆく姿というのがあるんですよ。初めっから消えてゆく姿があったり、初めっから神の子があったりすると、日常生活の人間から離れてしまうんです。

たとえば貧乏な人があるとします、働けど働けどいつも米《こめ》のことばっかり考え、米ばかりじゃなく、他のことも考えるけどね。それでいつも、明日はどうしよう、明後日《あさって》はどうしよう、明々後日《しあさって》はどうしよう、来月はどうしよう、暮れはどうしよう、って考えているわけね。そういう人いますね。そうするとこちらの人は話をしだして、

「そんなこと心配することありませんよ、みんな神様から与えられている、生ま

れたからにはみんな神様から与えられているんだから、心配するのはよしなさいよ、心配なんかいりませんよ」と言葉で言うわけです。言葉だけで言われた場合には「何言ってやがんだ、お前は金があるからなんでもないけど、こっちはないんだぞ、そんなこと言うより千円でも一万円でもよこしてみろ」となっちゃうんです。

私がまだこうならない前に、そういうことを困っている人に言われたことがあります。「神様がみんなこの地上に生んでくださった限りは、あなたのものは与えられているんだからね、あなたの一生は必ず保障されているんだから、心配なさんな」と言ったんです。それは本当のことなんです、真理なんですよ。真理だけど、それをこともなげに深い愛情がなくて言うと、言葉が浮いてしまって、愛から離れてしまって、相手を責めるようになっちゃうんですよ。そこがむずかしいのね。そうすると相手は「何言ってやがんだ、このヤロウ、お前なんか食う心配ないから、何言ってやんだい」とこういうことになっちゃうんです。だから同じ言葉でも、心から思う言葉でないことは言わないほうがいいですね。

お説経の代わりに愛の言葉を

心で本当に思わないことは言わないほうがいいですよ。思って湧き出てくる言葉、それがやっぱり人を打つんです。心にもない言葉、お世辞でもそうです。本当にいやなお世辞ということもあります。先生がいいことを言ったから、覚えて真似してやろうと、いつでもいつでもそれを使うと、言葉が汚れてしまう。

それが南無妙法蓮華経にしても、南無阿弥陀仏にしても、本当の始まりはいいに決まっているんです。南無妙法蓮華経というのは、我は仏だ、みんな救ってやる、という言葉だからいいんだし、南無阿弥陀仏というのは、仏様の中で一つである、自分は仏様に救ってもらって一つになってるんだとか、一つにならしめ給え、という念仏だからいいに決まっています。いいんだけれども、それが悪い意味で長い間使われているでしょ。そうするとこの言葉が汚れてしまって、汚れたものがいっぱいついてしまって、その汚れたところに幽界の生物がついてくるわけなんですよね。だからあまり古い言葉を使っているといけません。

イエスさんならイエスさんの言った言葉、お釈迦様ならお釈迦様の言った言葉、いい言葉がたくさんあります。それを伝家の宝刀のように「何を食わんと思い煩うな」なんてやっても、実際問題として食わんと思い煩っている中に入ってる人には、通じないんです。本当に通じませんよ。明日のお米がない人が、いくら有り難いお言葉を賜ってもなんにもならない。言葉よりお米のほうが先なんですよ。だからそういう時には、そういう言葉を言っちゃだめなんです、なんの効《き》き目もないです。

そういう時には、困ったな、と言って、一緒に困ってやってね、一緒に奔走してやって、明日の米だけでも作ってやんなきゃだめですよ。明日の米が千円かかるか、五千円かかるか知らないけども、明日の米を作ってやって救ってやると、そうすると、救われたことが恩になりますね。そうすると今度は二度目は、その言葉が効くんですよ。「やっぱりちゃんと救ってくださるでしょ、それは私を神様がそうして救ってくださったんだから、神様はそういうふうにいつでも救ってくださるんですよ」と実際に体験するわけですよね。あなたの言うことは真《まこと》だ、本当にそうなんだ、ということになるんですよ。

そういうことによって、救いというものが成就するんです。だから心と離れた言葉というものは嫌なもんですよ、言わないほうがましです。お説教でもそうです。だから私もお説教する気がないんです。

いくらこれは何か言ったほうがいいかな、と思っても、言ったたって無駄だと思って言わないことが随分多いです。言われても或る業因縁がありますと、いくら言われても、意見を言ったって、この業因縁がはね返しちゃう。或るいは言われた時だけひっこむ。ひっこむけれど業がなくなったんじゃなくて、あとからあとから業が出てくるんだから、だんだん業が固くなって厚くなっちゃう。厚みが出来て、今度はコチコチになって、とれるもんじゃないんですよ。だからそういうような言い方、いわゆる昔のお説教という、小言《こごと》というやり方は宗教とは違うんです。

宗教というのは、あくまで人間は神様の子なんだから、悪いものというのはみんな消えてゆく姿で、本当は悪いことということは一切ないんです。悪いように見えるものは、神様から離れた想いだけが消えてゆく姿として見えるんだよ、ということが根本なんであって、本当は悪いものは無いわけなんです。

そうすると「お前の行ないが悪いからこうだ」とか「私はこんなに悪いからこうだ」とか「それだからお前はいけない、消えてゆく姿をやんないからでしょ」とかそういうことを言うことが、もうその人の悪いものを認めていることだからね。自分は高い所にいて「お前はバカだ、おれは利口だ」と思っている。大体、人にものをお説教する場合には、自分のほうが少しはいいと思って言うんだよねぇきっと。自分のほうが悪いと思ったら、それは言わないですよきっと。

だから人間が人間にお説教することとか、人間が人間に教えるということは出来ないんですよ。教えるものは何がするかと言うと、神様のみ心が人間の言葉を通して、自分なら自分の言葉を通して、神様の御《み》言葉が出てくるんですよ、みんなね。そういうふうにならなきゃならない。

神様の御言葉が出てくるというのは、どういう境地になって出てくるかというと、愛に満ちていることです。自分の中に愛が充満していると、言った言葉がみんな神の言葉になります。愛というのは合うことです。相手の心と自分が合うこと、神と自分とが合うこと、これが愛ですよ。言葉というのはそういうふうに出来ているんです。

タテ、ヨコに合う。タテに合う時が神様との一体、ヨコに合うのが人類愛。これが十字交叉して、真ん中が大愛と言うんですね。その十字交叉の真ん中にて、いつも愛に満ちた心でもって、一言《こと》一言《こと》、言葉を言えば、それはみんなの心にひびくんですよ。だから心にもない言葉で言うのなら、言わないほうがいいです。実意がないから。そうするとかえってバカにされます。「消えてゆく姿だ？　自分が出来もしないのに、何言ってやんだあのヤロウ」てなことになっちゃうんです。

ところが私には誰もそんなことは言わない。本当に自分が心から思っていれば、その言葉はひびくんですよ。心から思わないうちはダメです。だからまず第一番に、自分が祈りだって私は言うんです。自分が祈る心で世界平和の祈りの中に入ってしまって、それで自分というものを一遍捨てちゃって、自分の自我、今まで生きていた自分というものを、日々神様のみ心の中で洗濯して、いつもいつも毎日毎日、神様の大光明で洗濯して洗濯して、いつも新しい心になって、それでものを言い、行ないをするんですよ。そうすると汚れがない、カスがないから、純粋な行ないになるんです。それが祈りなんですよ。

祈りはいのちの洗濯

祈りというのはいのちの洗濯、いのちを現わす、宣《の》り出すこと。ほこりや汚れがいのちにくっついて、魂が汚れてたわけです。人間の一言一言は汚れなんです。それを原罪と言うんですよ。人間は始めから汚れている。要するに大地に生まれて地球界に生まれてきて、肉体となった時にもう汚れがついているんです。地球という粗い波動に同化してゆくわけだから、細かい微妙な完全なものが不完全の中に入ってゆくわけだからね。不完全なものを完全にしようと思って、完全なものが入ってきたんだけれども、完全になるためには時間がかかるでしょ。時間がかかる間だけ汚れているわけですね。だから人間というものは始めから汚れているもの、それをアダムとイブの原罪という。聖書では原罪と言ったんですね。だからキリスト教では罪の子だ罪の子だと言うんです。しかしそう言われたって、自分では知らないんだものね、自分が人間として始めて生まれてきたことを知らないでしょ。罪の子だと言われたってわかりゃしませんよ。

ところが実際において罪の子なんだね。地上界に物の世界に生まれた時に、やっぱり完全な微妙な波動は出ないんだから、本当の力が出せていないんだから、それだけ出せないだけ罪の子なんです。ものを食べたりして、お互いがやっぱりいろいろなものの犠牲において、こうやって生きてきたわけなんです。

たとえば人間が生きてゆくためには、虫も殺すでしょうし、食べるために動物を殺す、いろんなものを殺しているわけですよ。人間というものは生きている限り、あらゆる犠牲の上に立っているわけだ。その犠牲を犠牲ではなくて、これを功徳にならしめるためにはどうしたらいいか、と言ったら、人類世界を神様のみ心の理念通りに現わせばいいわけ。神様のみ心の通りに、この地球世界を創り上げればそこで初めて、完全円満ということが出来上がるんですね。神様の世界がこの地上界に出来上がるまでは、完全円満な人間なんかありっこないんだし、完全円満ということはないし、やっぱり罪の消えてゆく姿なんです。

罪悪深重の凡夫が、一日として行ないの中で消えてゆく姿として現われてこないものはないわけ。その消えてゆく姿が病気になったり、想いの間違いになったり、喧嘩になったりしたりして行動に現わしてしまったのでは大変だから、行動に現わさないようにするために、自分の想いも人の悪い想いも、自分の都合の悪いことも、あらゆる想いも出来事もすべて、世界平和の祈りの中に入れちゃえ、と言うんですよ。世界平和の祈りの中に入れ、平和の祈りの大光明の中で消してもらいなさい、とそれが一番いい祈りだよ、とこういうふうに私は教えているんですよ。

なぜ世界平和の祈りの中に入れると消えるかというと、神様というものは完全円満なんです。大光明なんですね。大光明はどういうふうに現われているかというと、直毘《なおび》、直霊として現われている面と、守護神として現われている面と、分霊《わけみたま》として現われている面と、守護霊として現われている面と、四つの現われ方をしているんです。その現われ方が協力して、要するに直霊と守護神が協力する、分霊と守護霊が協力する、そうしてみんなが一つになる。その時にはじめて人間が神の子になるんです。

分霊だけが神の子で完全円満なんてことはありっこないんです。業があるから。形の世界には必ず業が伴うんです。形が生まれてくる時には、邪《よこ》しまな想いもあれば、いろんな欲望があって生まれてくるんですからね。だからそれが完全円満ということはないんだよ、形の世界では。それを神様の波動の大光明波動で、洗って洗って洗いぬいて、それできれーいな肉体にするわけです。

それできれいな肉体になった人を菩薩というんですよ。もっときれいになれば仏さんになる。そのようにきれいにきれいに磨いてゆくわけです。下着やサルマタなんか自分で洗えやいいでしょ。ところが魂というのはどうやって洗っていいかわからない。こすったって魂はダメなの。洗っていただくよりしようがない。魂だけは自分で洗うことは出来ない。そこで世界平和の祈りの大光明、救世の大光明、守護神守護霊に洗ってもらうんですよ。そのために〝世界人類が平和でありますように〟と言う。〝私どもの天命が完うされますように〟と言う。

自分の魂を洗ってもらうと同時に、世界人類の魂をみんな洗ってもらいましょ。〝どうぞ世界人類の魂が平和でありますように〟というんで、世界平和の祈りをするんですよ。自分の魂というんで〝自分たちの天命が完うされますように〟と言うんです。〝守護霊さん守護神さん有難うございます〟とこう言うんです。そういうわかりやすい言葉でもって、神様の世界に入ってゆくわけです。だから世界平和の祈りをしている時には、魂の洗濯をしている時です。それで私が洗濯ババアだ。（パンパンと柏手を打たれる）これはババアの音です。ジジイの音だかどっちか知らないけど。洗濯ジジイか洗濯ババアだかがやっているんです。

天国へ行く道というのは、やっぱり世界平和の祈りをして、魂の洗濯をすることですよね、しかし地獄へ行こうと、天国へ行こうと自分の想いのままだから、選択《せんたく》も自由ですよ。だけど自分で洗濯するのじゃないんだから楽ですよ。洗濯をしてもらいにくるだけなの。洗濯機の中に入りゃいいんです。この会場は洗濯機なんです。その中に入ってくれれば、自然にきれいになっちゃう。そういうもんです。自分の家にいる時、世界平和の祈りの中に入ってれば、やっぱり洗濯してもらっているのと同じなのね。

〝自分でやる〟は消えてゆく姿

自分でやるという想いがあるうちは、ダメです。自分でなんか洗濯できないんだから。やったって、たかだか人よりましに愛が少しぐらい出てきたぐらいなもんです。もって生まれた愛の天才、愛の深ーい人がありますね、シュバイツアーのような人がいます。ああいう人は特別な人であって、一般大衆はああいうことは出来っこない。音楽家としても素晴らしいんだし、神学者としても素晴らしいんだし、それですましていればお金が集まるし、先生先生って立てられているのに、そういうものを捨てて、アフリカ原住民のために医者としてアフリカへ行って、一生懸命活動しているんでしょ。栄耀栄華が出来るのに、そういうものを捨てて働いているわけなんですよね。ふつうの人は出来ないですよ。みんなシュバイツアーのようになれ！　そうならなきゃだめだと言われたって、出来っこないものね。みなシュバイツアーになれるわけじゃなし、ガンジーになれるわけでなし、キリストになれるわけじゃないんですよ。これは特別な人たちだからね。

よく宗教家が特別な人をもってきて、こうなれなれ、と言うんですよ、そんな特別の人になれませんよ。なれるくらいなら、あなたにものを訊《き》きやせん、と言いたくなっちゃうね。なれないから、どうしたらなれるか教わっているんじゃないか、このバカヤロ(笑)と言いたくなっちゃうでしょ。わかってないから訊《き》くんだものね。わかってりゃ訊きやしないよ。一人で救われるなら一人で救っちゃうんだけどさ、一人で救われないから、救ってもらいたくて来るんだからさ。

それで皆さんは世界平和の祈りの中に救いを求めて来たわけなのね。自分で知っても知らなくとも、ふわーんと来ちゃった人もあるだろうし、病気を治してもらうために来た人もあるし、貧乏を治してもらおうと思って来た人もあるし、子どもの病気を治してもらおうとか、夫婦の仲を直してもらおうとか、来るんですね。それは上辺《うわべ》で来たんですよ。本当の魂のほうは、守護霊のほうはそういうんじゃなく、魂の本心の開発のためにここに連れてきたわけなんです。それでやっているうちに、だんだんご利益信心というのはどこかへ行っちゃって、いつの間にか本心を求めているんです。いつの間にか本心の開発を求めてしまうんです。ご利益のほうはいつの間にか忘れてしまうんだもの。どっちでもいいと思っちゃっている。どっちでもいいと思った時は、よくなっています。そういう想いを捨てちゃうと、病気も治っちゃうんですね。そういうふうに、知らないうちにみんな本心の開発のために生きているわけです。

はじめのうちは、ご利益のことばかり考えている。そのうちにそういうことを忘れちゃう。忘れた頃になると、自然自然に整ってくるんです。

いつまでも病気を摑んでいれば、病気はあるんだし、いつまでも貧乏を摑んでいれば貧乏があるんだし、悩みを摑んでいれば悩みはあるんですよね。悩みを離しなさい、と言っても離せない。貧乏を離しなさい、病気を離しなさい、と言っても離れない。そこで私は離せなんて言わないんですよ。

摑んだら摑んだままでいいですよ、けれども世界平和の祈りだけやんなさい、というわけです。金儲けしたいと思ったら、それでもいいですよ、病気が治りたいと思ったらそれでもいいですよ、いいからそれと同時に、そういう想いを持ったままで〝世界人類が平和でありますように〟とやんなさい、と言っている。そうするとやっているうちに、本当だ、ということがわかってくる。

はじめは大体はわかんないんだ。「ほんとかな嘘かな、どうだかわかんないけれど……」とやっているんですよ。やっているうちにだんだん世界平和の祈りというものが、心の中から湧いてきて、念仏のように世界平和の祈りが鳴り出してくる。もうそうなったらしめたもの。これは死んだ先でも鳴ってますから。死んだ先で鳴っていれば、これは天国なんです必ず。

世界平和の祈りがこの中にあるうちは、その人は地獄には絶対にいかないんです。地獄へ行ったら、地獄がたちまち天国になっちゃう。亡くなった世界に天国とか地獄というのは実際あるんです。あるけれど天国とか地獄とか一ヵ所に決まっているんではないんです。天国的な人が地獄へ行ったとすれば、まわりがスーッと明るくなっちゃうんです。それで天国に変わってくるんです。そうするとそれは菩薩行ということになる。

この世の中でもそうですよ。たとえば心の明るい良い人がいて、悪い人たちの中に入っていったとします。うんと心が明るくて純真な人だったら、悪い人が自然に知らない間に明るくなってくるじゃないですか。それと同じように、私なら私がどんな悪いところへ行ったって、そのまわりは明るくなりますよ、みんなが暗い顔をしている所へ私が行ったって、みんな全部が暗くたって、私一人いけばそこが明るくなりますよ。いろんなことを教えたら、みんなつい来ます。それでいつの間にか明るくなっちゃいます。

そういうふうに自分が光にならなきゃ。底ぬけに明るくていいんだから、光は明るいんです。光が暗いことはない、明るい、蛍光灯のような光でも明るいですよ、闇よりは。それだから光にならなくちゃだめですよね。今の世の中、間違っているからね、悪いような人のほうがいい人を使ったりしている。霊界ではきちんと霊の区別があって、霊の高いほうが上なんです。絶対に上なんです。もう文句なしに霊の高いほうが上です。絶対に決まっている。追いつこうとしたって追いつけないんだから、これは。霊の高い低いによっては。ところがこの世ではそういうことはない。霊の高いほうが低いつまらない奴に使われたりしている。

たとえばキリストの時代に、イエスが十字架を背負わされて、引きずられてゆく場面がありますね、イエスさんの信者は「ああ主よ主よ」と言って崇めているけれども、信者でない者は「なんだあのヤロウ、変な奴だ。偽《に》せ坊主がはりつけになって、行きやがった」とこういうふうに馬鹿にしているわけでしょ。ところがバカにした人間だとか、はりつけにかけたほうの人間とか、はりつけに決めた人間よりも、イエスのほうがズーッと立派で高い。けれど引きずられてゆく時は、はたから見れば、その姿はみじめなもんですよ。

だから皆さんが、もしこの世の地上の運命で、不遇であるとするならば、悪い人に使われ、いやな奴に使われている身であるとするならば「イエスでさえも十字架を背負わされて、引きずられていったんだ」そういうふうに考えたらいい。あんな立派な人が道を引きずられていくんだからね。あらゆる嘲笑《ちょうしょう》の眼、バカにした眼でみんなに見られているわけですよ。わかるでしょ。だから自分がもし不遇な地位にあって、みんなにやられているとするならば「ああキリストでもそうなんだ。私もそれだ」一人前のキリストになったつもりで思うんですよ。十字架にかかったつもりで「ああ私は軽い十字架だな」と思っていけばいいんですよ。

そうすると慰められますよ。キリストさえそうだったんだから、自分なんか当たり前だ、と思えばいいんですからね。そういうもんなんですよ。

皆さんがどんな悪い環境にあっても、どんな不遇な環境にあっても、どんな悪い者に取り巻かれていても、世界平和一念になっている時には、皆さんの体から光が出ているんだから、向こうが、やっているほうがしまいにいやになって、だんだんだんだん消えてゆく姿になって、変化してついに自分の味方になってゆく。私はそれをやってきたんだからね。うちの人たちはみんなやってきている。それで成果をおさめているわけです。

それを形の世界で現わしたのが合気道です。合気道というのは、要するに敵を見ない、ただ自分が受けていればいい、ということでしょ。向こうがなぐってくれば、その力で向こうが飛んじゃう。向こうの力で向こうが勝手に倒れてゆくわけです。

それが世界平和の祈りになると、形の世界まで寄ってこない、もっと遠くで、やっつけようと思った人が、勝手にどんどん消えてゆく姿になってゆくわけです。業が消えていって、いい人に変わってゆくわけです。

だから世界平和の祈りというのは距離がなくて、向こうが相手がよくなるわけです。近くにいたって、遠くにいたって同じこと。みんなよくなってしまうわけです。

それは光の波が向こうへ伝わってゆくからです。

それを形の世界で現わせば合気道になるわけです。

世界平和の祈りと合気道というのは、根本においては同じなのです。

（注7）（注8）巻末参考資料の176頁参照。

私の宗教運動はすべて神にまかせるところから始まる

（昭和35年12月15日）
飯田橋・東京割烹女学校にて

人間の知恵はどこから来る

宗教の根本の生き方というのは、神様仏様に全部まかせてしまって、神様仏様のほうから自分の生活をしてゆくということです。それは禅宗であろうと、真宗であろうと、日蓮宗であろうと、どんな宗教でもそうなんです。

ただやり方が違うだけなんです。肉体的に克己練磨《こっきれんま》してゆくのを自力というのだし、このままスッポリとまかせてゆくのを他力というのですが、他力にしても自力にしても、どっちにしても根本は神様の中、自分の生まれてきたいのちの元の中に任せてしまう、ということが宗教の根本なんです。

そこで私たちのやり方はどういうのか、というと、世界平和の祈りの中にすべてを任せて、世界平和の祈りのほうから自分のすべての生活を頂いてゆく、というやり方です。浄土真宗のやり方は、阿弥陀《あみだ》様の中に南無阿弥陀仏《なむあみだぶつ》と唱名念仏しておまかせし、阿弥陀様の方《かた》より、すべての生活を頂いてゆく、というやり方なんですね。そうするとすべてがよくなるという生き方です。

どうしてそういうことになるかと言いますと、根本的に言うと、人間は神様の子なんです。大生命から分けられた小生命が人間なんです。もっと言い換えれば「自然」の中から生まれたものです。大自然の分けられた一つの働きが人間なんですね。だから働きの根本に戻って、生命そのままになってくれれば、完全な生き方が出来るわけです。神様というのは、大叡智《だいえいち》だし、すべてのすべてを創っているからです。

よく唯物論者が「神なんかあるものか」と言う。「自然があるのだ。自然は自然に出来た」そう言うのですよね。自然に出来たものが知恵があったりするわけがないでしょう。

自然に人間が出来た、と言う。そうすると人間が頭で考えたり、いろいろ吟味したり、知識欲があったりしますが、こういう知恵というもの、知識を吸収する力というものはどこから出てきたか？

自然に出てきた、と言う。おかしいですね。人間は自然に智恵があるように出来ている。蝿だの蚊だの自然に出来ていたって、知恵も何もないですね。動物や植物はみなそうです。ところが人間だけが知恵があって、能力があって、考える力を持っているというのはどういうわけなのか。

もっと深く考えれば、人間が知恵を持ち、いろいろなことを考えられるのだから、人間の中に働いている、人間を生み出した力というものは、もっと知恵がなければならないわけですね。二十何億といる人間の、一人一人に知恵を与えている元《もと》の力というものは、大変な力でなければならないわけですね。人類が全部集まった力よりも、もっと大きいわけでしょう。人類ばかりでなく、植物もあるんだし、動物もあるんだし、いろいろなものがある。そういうものの中にすべて働いている力というものは、大変な力のわけですよ。

その大変な力のものが、能力も何もない、いわゆる知恵も何もないところから、パーッと出てきたものかしら。唯物論者はそういうふうに考えるけれども、それは初めからおかしいんです。

人間のように、神があるとか無いとか考える力というのは、どこから出てきたのか。考える力というのは、自分が創ったものではなくて、ずーっとさかのぼっていったってわからないものですよ。どこから出てきたかわからないものね。そうすると、わからないという中に、不可思議の中にあるわけですね。不可思議の中に神というものが、仏《ほとけ》というものが、自然というものがある。その中に力があるに決まっています。ところが唯物論者はそんなものに力があるわけがないと言う。

自然に――これくらい非科学的な言い方はないですね。実に非科学的なんです。自然にふっと出てきた――そんなことだったら、ふっと人を殴りたくなっちゃったから殴っちゃった、盗みたくなったから盗んじゃった、ということでしょう。ふっふっと出てきてしまうのだったら、何やったって悪いとか善いとかありようがない。ところが悪いとか善いとかいうことは厳然としてあるわけです。善悪を考える力が人間にはあるわけです。

犬がよその家の台所に行って、何か食べたって、犬が「すみません」と言いやしません。ぶたれると痛いから、縮こまるだけで、食べたって、そこに小便をひっかけたって、人の家や電信柱にひっかけたって、何も思わない。しかし人間には善いとか悪いとか考える力がある。犬や猫にはそういうことを考える力が無い。

動物や植物があるのでさえ不思議なのに、人間のような知恵のある、知識のある、いろいろ考えるものが出来たということ、それを生み出した力というものは、大変なものだということは、誰がなんと呼ぼうが、自然と呼ぼうが、無と言おうが空《くう》と言おうが、なんと言おうがその中に力があるということは、厳然とした事実なんですよね。そういう力を唯物論者は一切考えない。無視しちゃう。

根本を考えないで、途中から考えてものが出来上がるわけがないです。元の力というものを知らないで、ただここにあるだけの力でやったって、完全になるわけないでしょう。

たとえば大資本家があった。その大資本家から金が出ている。その金を使って事業をしているとする。ところが金を出してくれているのは誰だかわからない。どのくらい金があるんだかわからない。それで勝手に自分のもらったものだけでやっていたらば、その仕事の見当、予算もつかなければ、計算もつかなければ、どうしていいかわからないでしょう。

ただその場その場でやって、どういう仕事をしていいか、見当もつかない。計画がたちませんね。こういう大資本家から、これだけの金が出てくるんだ、ということがわかって、はじめてよく事業がやれるわけですよ。そういうことがわかるために、宗教というのはあるんですよね。

自分のいのちがどこから来ていて、自分の力はどこから来ているのか？　果《は》たして、肉体だけの人間が人間というのか？　肉体の人間を働かせている、もっと力の強いものがあるのか！　ということを考える中で、一番いい考え方は、人間というものはどこから出てきたのか、ということを考えることです。

人間は赤ん坊として生まれる。赤ん坊の親がある。すると親から出てきた。その親はどこから出てきたか。その親の親から出てきた。その親の親はどこから来たかというと、おじいさんおばあさんから出てきた。その祖父母はどこから来たかというと、曽祖父《ひいじぃ》さん曽祖母《ひいばあ》さんから、そのまた上はひいひい祖父《じぃ》さん祖母《ばあ》さん、その上は（笑）ずーっとどこまで行ってもきりがないんですよ。どこまで行っても。どこからか出てきた。

一番最初、どこから出来たということをわかる人は一人もいないんです。この人類の中で、いくら科学的にやってもわからないです。いくら科学が進歩しても、一番初めのものはわかりません。どんな宗教家でも、どんな神秘家でも一番初めのものはある、ということはわかりますよ。絶大なる力があるということだけはわかるけれども、絶大なる力がどこから出来た、ということはわからない。

わかるわけがないでしょう。初めからあるんだからね。初めからある中で、皆がこうやって活動しているわけなんです。初めからある中でいるわけです。それであるものの力から、要するに神なるものの力を分けられて、その分けられた力で働いているわけなんです。

だから働いてくださる資本力を考えないで、働こうとしたって働けるわけがない。限度があるから、それで或る点でもっておしまいになってしまうわけ。肉体の人間には限度が決まっているわけです。肉体の人間なら肉体の人間、地球世界なら地球世界だけを考えて仕事をするからには、限度が決まっているから、上からは、自然のほうからは力をもらえないわけです。それで横の相手の人間から奪い取るわけです。たとえば商人とすれば、商人と商人とが競争し合って、お客さんを取るわけです。それで宣伝争いをやるわけ。それが大きくなれば、国と国とが経済戦争をするわけね。

横の取り引きだけでは

たとえばアメリカは中国から物を買う。日本からも物を買う。それで日本はアメリカさんに買ってもらいたい、と宣伝して安くする。中国も買ってもらいたい、と宣伝し安くする。インドもそうする。他のどこかもやるだろう。そうすると一番安い、自分の一番都合のいいところから買うわけですよね。

日本は孤立しては経済的に立っていかないんです。日本は人口が多いですからね。この間独立した国なんか、土地は日本の三倍ぐらいあって、人口は六十万だというのですよ。日本は九千万もいるんです。国土が三倍あって人口六十万。こっちは三分の一の国土で九千万。どれだけ大変かわかりますでしょ。だから日本だけで立ってゆくことは出来ないのですよ。そこでアメリカとかヨーロッパとか、東南アジアというものと連絡をとって、買ったり売ったりしてやっているわけです。

一番のお得意さんがアメリカのわけでしょう。そうすると日本はアメリカの言うことを聞かなければ、オレは買わないぞ、ということになって、いっぺんに経済が封鎖されたように、バサッと景気が落ちてしまうのですよ。それでアメリカのご機嫌をとりながら、政治家たちは「これは日本のために少し不利だな」とか「国民にバンバン言われるな」と思いながら、アメリカの言うことを唯々諾々として受けてやっているわけなんですね。

考えてみると、当面の政治家たちの頭の中をみると、心の中をみると、可哀そうな気がするんですね。責めることは責められるけれども、責められたほうも、唯物論的な立場に立っている限りは、横から物を貰って、横の取り引きだけで生活しようとする。考え方からすれば無理はない。誰がやってもそうなってしまうんです。アメリカをたてなければやっていけない。

今、アメリカと国交断絶して、ソビエトとやるというわけにはいかない。ソビエトと結び、中共と結んでやるということになれば、アメリカは経済封鎖してきます。だからどっちにしても、日本としては経済的にやりにくくて仕方がない。それはどうしてかというと、肉体的人間の力、物質だけを対象として横から取らなければ、アメリカとしなければ、インドとやらなければ……とやっているから。この立場から見れば唯物論的立場なんです。

今までの世界観、経済情勢からすべてをみると、今のやり方以上にはいかないんです。誰がやっても。社会党がやろうが、共産党がやろうが、そういう立場は消えないんです。それならばいっそのこと、今までの通りにやっていたほうが楽ではないか、というのが保守党の考え方。社会党とか共産党とかいうのはそれをひっくりかえして、ソビエトや中共と結んだらいいじゃないか、と言うのだけれど、ソビエトとやればアメリカが頭を振るんだから、今度は反対になっちゃう。そうするとやっぱり同じことが出てくる。右が左に行っただけの話で同じこと。ちっとも違いはしない。かえって悪くなるだけで、だめだというわけなんですね。

日本の世論というものは、まずまず保守党に傾いているから、自民党が今度の選挙で勝ったわけね。なんといっても利害関係があるからね。利害関係がからんで、自分たちが得しようという考えが、人間の心の中にあるんです。これは永劫に消えないんです。今このままの世界観では消えないわけ。

そういう考え方と、肉体の人間が一生懸命やらなければ、自分が考えて一生懸命やらなければダメじゃないか。神様神様と任《まか》せたって、任せきりでいたんではどうにもならないではないか、自分がやらなければダメだと考えるわけでしょう。ところが自分がやらなければならない、というのも中途半端、神様にちょっと任せて半分は自分がやる。神様に三分の一は任せて、三分の二は自分がやる。神様と自分とを離してしまって考えてやったなら、それは中途半端。

今のアイゼンハワーは個人としても偉い人で、聖者みたいな人ですよ。だけれどもアイゼンハワーにしても、神様のいのちと信じる部分が半分、自分の力が半分。だからどうしてもアメリカがよたよたしている。今度、ケネディがやろうが、誰がやろうが同じことです。神様を信じているんだけれど、神様に全部任せたのでは政治が行なえないわけですよ。世論がうるさいからね。それはまだ時期が来ないからですよ。

今現在、いかにどんな人が世界の政治をやろうと、日本の政治をやろうと、やっぱり平安というものは来ない。不安がいくらたってもつきまとうわけですよ。

そこで私の教えている宗教運動というのは、どうせ自力を使おうと、何しようと、神様に任せようと、それが半分のやり方とするならば、これはいつまでたっても同じなんだから、一《いち》か八《ばち》か、亡びるか亡びないか、全部神様に任せてしまおうではないか。いっぺん自分を生んでくれた根本の力に、すべて任せてしまおう、ということです。それで世界平和の祈りだけで生きてゆこう、ということです。世界平和の祈りというのは〝世界人類が平和でありますように〟というのだから、これは大愛です。〝日本が平和でありますように〟これも大愛です。これを根本にして〝私たちの天命が完うされますように〟という願いと〝守護霊様守護神様有難うございます〟守護霊というのは祖先の悟った霊、守護神というのは神様の分かれた慈愛《じあい》の力です。有難うございますというように、感謝とともに、自分の想いをすべて、全生活を神様に任せてしまうわけですよ。

そうすると、世界平和を願っている神様の心、神様というのは人類がみな仲良く暮らすことを願っているわけです。人類が全部本当に仲よくなった時に、神様の仕事が地球上には残る――終わりはしないけれど、一旦ピリオドが打たれるわけです。そういうことが根本になっています。

そうなるに決まっているんだから、それを一日も早く現わすためには、神様にいっぺん任せて、神様のほうから力を頂いて、年中、新陳代謝してやっていかなければだめだ、というのですよ。

神様に世界平和の祈りで、いっぺん任せたような想いになると、神様のほうから大きな力、人間のこんなちっぽけな脳味噌で考えた、一寸先もわからない、一秒先もわからない、人の心の中もわからない、なんにもわからない、目の前に見たことだけしかわからないような、耳で聞いたことしかわからないようなちっぽけな脳でない、大きな脳からいろいろな力が入ってくるんですよ。

それを後生《ごしょう》大事に、何の誰兵衛、何の誰子として肉体の生命としての、こんなちっぽけなものにしがみついて「これは私の力だ、これは私だ」とやっているでしょう。私はおかしくてしようがない。神様のほうから、折角お前にこんなに大きな人間だから、こんな大きな力を与えてやるよ、と言ってきているのに「そんなものいりません、私はこれです。私の力を使わなければ」とやっているんですね。そんな私という小さな私で生きていれば、その人は大きくなりませんよ。神様の元に帰ることは出来ない。また世界人類が幸福になることは出来ない。

他人の国をやっつけても自分の国がのびたい、自分の国のほうがよくなりたい、そういうことばかり、そんなちっぽくさい考えばかり。個人的にだけよければ、自分だけ学校を出て、自分だけいいところに就職して、そして食べてゆければいいなんて、そんなちっぽくさい。

国の存続ではなく平和の樹立

人間はなんのために生まれてくるかというと、神様のみ心を、人類の理念・理想をこの現実世界に達成するために生まれてきている。そして生まれ変わり死に変わり、なんべんも出てきているのです。長い間かかって、生まれたり死んだり、生まれたり死んだりして出てきている。そしてしまいには地球人類の平和を樹立する、というために生まれてきているんだ。

それを単に自分が食べてゆくためだけ。自分が何年生きるか、五十年か八十年かしらないけれど、食べて遊んでねて、それで死んじゃう。何になるこんなもの。何もならない。ただいのちを浪費しているだけ。そんなちっぽくさい考えでなくて、自分が生まれてきたからには、地球に本当の平和を築きあげるんだ（神様のみ心、と言わなくてもいいですよ）人類の理想をここに樹立するんだ、その一人なんだ、と考えなくてはだめですよね。

どうしてこんなにちっぽくさくなってしまったのか！　昔は人間も少なかったかわりに、大らかに生きていた。それを今はちっぽくさくて、食べることきり考えない。生活ということにこびりついている。

親でも子どもでも自分が見るんではなくて、本当は神様が自分に見させてくれているんですよ。親孝行するにしても、子どもを育てるにしても、自分が育てたり、自分が孝行したりするんではなくて、神様がさせてくださるの。神様がさせてくださるんでなかったら、自分にお金は入らない。肉体の自分にはお金もないし、能力もないもの。たとえば神様が首をくっちゃって、心臓が動かなくなってごらんなさい。全然働けない、動けないでしょう。

いのちが素直にぐるぐる回っていれば、心臓も丈夫だし、肺臓も丈夫だし、頭も丈夫なんです。頭が弱い、というのはうまい言葉だと思う。確かに弱いんだよね。頭が働かないのは。心臓が強いという言葉もありますね。これも面白い。心臓が強い人は本当の心臓も強いよ大体（笑）私なんかとても心臓が強いです。それで素直に素直に、いのちが動いていれば体も丈夫だし、頭も強いし、運命も強くなるのですよ。

それを素直に動かないでガチャガチャと、自分はどうだろう、とか、ああだろうとか、あいつが憎いだとか、損だ得だと、そんなつまらないことを思うと、水の流れのようにすうっと流れているいのちが、スッと止まってしまうんです。とまどうたびに流れが溜まるんです。悪い奴ほどよく眠る、で悪いような人たちが堂々とした生活をしていて、えばって人を使い、部下をけとばしてやっている人があります。それで金がうんと入るんです。いくらでも金が入ってきちゃうんです。金の入る人にはいくらでも入る。入らない人には全然入らない（笑）

金が入り始めると度胸が出てくるんです。自信が出てくるんですね。「ああオレは何をしても大丈夫、うう」とやるでしょう。ううといばっているから、頼もしく見えちゃうんですよ。あの人は何んだか出来そうだ、何んだかすごそうだなと思うでしょう。それでいろいろな仕事やうまい話を持ってくる。「ああいいだろう。それをやろう」なんて言うでしょ。自分は金を使うのに、その人がやろうと言うと、動いてゆくんです。すると儲かってくるんですよ。

気合というか。意気というか。明るさというか、把われなくやられると、スーッと引きこまれてゆくものなんです。

この世界というのは、いいことをするとか、悪いことをすることとかは別問題にして、意気盛んな明るい悠々としたものが、その運命をよくしてゆくんですよ。だから悪い人でもうんと金持ちの人もあれば、いい人でもいいことしながら、うんと困ってピーピー言っている人もあるでしょう。いいことをしながら困っても、ちっとも愚痴も言わないようなら偉いんだけれど、大概いいことをしていても愚痴を言っちゃうんです。

「私みたいにこんなに人に尽くしても尽くしても、いつも貧乏で困っている」そんなことを言うんなら、やらなきゃいいじゃないか。人のために尽くしても尽くしても困っています、と言うのなら、いいことをしなければいい。悪いことをして儲けたらいいじゃないか。出来もしないのに、ということになるでしょう。私はあれを聞いているとおかしくてしようがない。悪いことをしようと思ったって、出来ない人には出来ないのですよ。人をごまかして詐欺をしようと思っても、出来ない人には出来ないの。出来る人には出来るの。

全託の極意は祈り

そこでまた考えは一転するんです。だからいくら考えようと思ったって、考えの浮かばない人には考えられないんですね。考えまいとしても、考える人は考えてしまう。わかるでしょう。これは全託の話の続きなんですよ。

人間が考えながらやったほうがいいのか、神様に任せたほうがいいのか、と言ったって、神様に全部任せると言ったって、任せられない人には任せられないのです。神様に任せてはチョコチョコ自分で考えてみたり考えて失敗してまた任せてみたり（笑）おおかたの諸兄諸姉はそういうことになっているんだよ。なっているけれども、神様のほうでは、まあそんなところだ、と思っているんですよ。人類というのは汚れているのだから、完全なものを求めてもそれは仕方ないだろうと。それで世界平和の祈りのようないい教えが出てきたんですよ。

お任せなさい、と言ってもなかなか任せられるものではない。だから世界平和の祈りをするだけで結構だよ、世界人類が平和でありますように、といっぺん思えば、もう救われたんだよ、と言っているんですね。

いっぺん世界人類が平和でありますように、と言ったらば後《あと》は続くんですよ。いっぺん言ったら、二度も三度も続くに決まっている。ただ時々忘れるだけなんですね。忘れたっていいんだよね。それは忘れるようになっているんだから。本当にそういうことなのよ。

私がいつも言うけれど、天命が決まっているんです。決まっているんだけれども、決まっていると初めからわかっていたらば、皆やらないよ。わかっちゃったらつまらないもの。初めから「オレはこう生まれてこうなって、十才でこうなって、十五才でこうなって、二十、三十でこうなって、四十五十…八十で死ぬ」なんてわかっていたら、面白くもなんともない。映画見たって、小説を読んだって、初めにわかっていたら、見たって読んだってしようがない。見たり読んだりする気がしないでしょう。推理小説なんかわかったら読まないよ。気の早い人は読んでいて、十ページくらい読んで、もうしまいを読んじゃう（笑）犯人が誰か待ちかねてしまって。

そういう人がいますよ。この中にはいないかもしれない（笑）そういう人は自分が生まれてきて、まだそう苦労もしないのに、早く結末を知りたくてしようがない。「私は一体どうなりましょう。最後にはどうなりましょう。先生おわかりになるんでしょう、全部教えてください」教わっちゃったら面白くないじゃないのね。わからないところが花なのよ（笑）

わからないところを一生懸命やって、たとえば苦労してやっと苦労を切りぬけると「ああよかった、よく切りぬけられた。有り難かったなあ、ああ嬉しい」となる。山登りだって、山に行っていのちを落としちゃうでしょう。わざわざあんな苦労して山に登らなくたって、家で炬燵《こたつ》に当たっていたらいいのに、と年寄りは思うんだけれども（笑）やっぱり若い人は炬燵に当たっているわけにはいかないんですよ。いくら止めても山に登りたい。いくら止めても行きますから。ケーブルカーで行っちゃうのではつまらない。一生懸命、登りたいんですね。ああいうふうにやってみたいのです。

それで私は、やってみたいことはやりなさい、と言うの。やってみたらいい。やらない人はやらないいんだから、私などは意見はしないんです。意見しても無駄だと思っているの。やらない人は意見しなくたってやらないし、やりたい人はやるから。いっぺんやってもいいよ、と言われると「私はこうやりたい」「ああやりなさい、大丈夫です、やりなさい」「そうでしょうか……」で止めちゃう。やれやれと言うとやらない。やるなやるな、と言うとやる。だから相手の好きにさせておくんですよ。それで根本的に過《あやま》ちのないようにみているわけなのね。

もっと言えば、もう決まっているんですよ。あなた方が生まれてきて、私に会って、世界平和の祈りをやった、ということになると、もうそれで決まっちゃったんです。そこまで決まれば、あとはもういいんです。光のエレベーターに乗っているんだからね。世界平和を祈るという神様のみ心の中に入っちゃっているんだから、あとはもう何ということはないんだ。乗っかって一生懸命世界平和の祈りをやっていればいいんですよ。それでもって、考えたかったら考えればいいし、食べたかったら食べればいいし、いちいちそんなことはどうでもいい。やればいいんです。

やっているうちに、知らないうちに、ある業想念がとれてくると「ああ先生のおっしゃることがわかった」とわかるんです。本当に人間の想いというものは面白いもので、いくらいけないと言ったってやるんだから。皆さんも子どもを見ててわかるでしょう。やるなと言ったって、やりたいことをやるから。やれと言ったって、やらないことはやらないから。言葉で言ったって、ほとんどききめなしですよ。そこで祈りが大事なんです。

祈りというのは守護霊に言うのだからね。或るいは自分の本心、その人の本心に言うのだからね。「どうかこの子の天命が完うされますように」「どうかこの人が一人前の立派な人間になりますように」と子どものことをいつも祈っているでしょう。そうすると、こっちの光が、祈りは光だから、サーッと業を浄めるわけです。そうすると、間違ったことをしようと思っても、業が浄まっちゃうと、間違ったことをしなくなっちゃう。

お酒飲みなんかいい例です。酒飲みの旦那というのはたくさんいます。奥さんがいくら「いけませんよ、体のためにいけません」といくら言ったって飲みます。いけないもいけるもないんだ。黙って祈っていれば「夫の天命が完うされますように、世界人類が平和でありますように」とやっている。私はこっちのほうから光を送っている。そうするといつの間にか、酒がまずくなってくるんです。二升飲んでも酔わない人が、三合で酔っちゃう。一合で酔っちゃう、というようになって、たまま三合飲んだら、今度はぶっ倒れてしまった、ということになって、知らないうちに弱くなり、飲まなくなる。

煙草《タバコ》でも酒でも知らない間に変わるんです。何故かというと、煙草をのみたいという欲、酒を飲みたいという欲、もっと根本には違った意味もあるんだけれど、そういった欲望が消えてしまうんです。

考える、というのも欲なんですよ。しかしそれがいけないというんではない。考えるんだから、考えないと消えない。だからやるわけです。そのうちに浄められてゆくと消えちゃう。いつの間にか考えようと思って考えるんじゃなくて、おのずから知恵が浮かんでくる。スッと浮かんでくる。パッと閃いてくるんです知恵が。学問でも同じです。今まで勉強したものが、やろうやろうと意気ばっている時には出てこないんです。ところが神経をすましてて、すべてみな天命で決まっているんだ、自分の天命は決まっているんだ、という肚《はら》になると、すっと落ち着いてきて、今まで勉強しなかったものまで出てきたりする。そういうのはあるんですよ。

或る人が学校の先生の試験を受けた、ほとんど勉強していなかった。それなのに、スッと頭に浮かんできたんだ。それを書いたら、試験を通ったという話があるんです。神様のみ心の中には、全知全能があるわけなんだから、その人の必要に応じて浮かんでくるわけ。この肉体はスクリーンのようなもの。元は向こうにあるんだからね。元の神様のほうからすうっと知恵が自然に出てくる。知恵や才覚が出てきて、知らないうちに成功してゆくんです。

本心の神にお任せする

根本から言えば、すべてを神様のみ心に任せてしまう。みな自分の本心の中に、み仏を持っているんですよ。みなみ仏なんです。ただ汚《よご》れみ仏なんだ。それがだんだん流れがきれいになってくると、仏がそのまま出てくる。汚れがあるうちはいろんなことをやるんです。悪いことをするのも汚れだし、いいことに止まっているのも汚れだし、考えなきゃいられないのも汚れだし、人を疑うのも汚れだし、どっちにしたって、大した違いじゃない汚れなんですよ。その汚れがだんだん世界平和の祈りをやっていると、なくなっちゃって、きれいな神様の心そのままの、清々しいいのちの光が流れてくる。そうすると、考えもしないで知恵がパッと出てくるから。考えもしないでパッと出てくるんです。

それは私など体験者だからよく知っている。私なんか何にも考えない。ここにいて、何を話そうとも何も考えない。どういう話をしようとも考えない。

『創作 阿難《あなん》』（現『小説 阿難』）を私、書いたでしょう。高橋くん(注9)にちょっと資料を集めてもらっただけ。本なんか見ようとするけれど、ほっぽり出したくなっちゃう。全く邪魔なんですね。それで流れてくるものがある。それで書いていると、スーッと自然に流れてきて、自分で考えて書くんですよ。お釈迦様ならお釈迦様のことが流れてくるんですよ。自分で書いているんだけれども、お釈迦様のほうから流れてくる。阿難なら阿難のほうから流れてくる。舎利弗《しゃりほつ》なら舎利弗のほうから流れてくる。目連《もくれん》のほうから流れてくる。だから楽です。自分で考えているんだけれども、考えているということと、神様のほうから流れてくる知恵とが、ピタッと一つになっちゃう。だからスラスラと書いてしまう。なんの苦労もしないし、書き直しもありやしない。ぶっつけ本番でしょう。それで千何百枚が書けるんですよ。

自分で考えるとか、わざわざ任せなければいけない、とか、考えなきゃいけないとか考えているのは、本当は業なんだよ。それはいっぺんにそうなれ、と言ったって出来ないので、順序だから仕方がない。だんだん慣《な》れてくると、考える量が少なくなってきて、神様のほうの知恵がそのまま自分の考えとして写ってくるんです。だから努力をする時には努力をしなければならない。努力したことが報われて、努力というような形ではなく、自然の形になって現われてくる。

私がこれだけになったのは、道を求めて求めて、仏教書も読みましたし、聖書も読みました。いろいろ読んでふつうでいえば勉強をしているわけです。ところがその勉強に把われていないわけです。把われないで、実際に体でぶつかって当たっていった。

霊界というものはどういうものか、こういうものかと本で知った。実際に見てみたい、とぶつかっていった。苦心惨憺《くしんさんたん》しているんだけれども、ふつうの人が苦労したという苦労とは違う。苦労にはなっていない。気持ちに少しも負担がないのです。ふつうの人だったら大変なことなのだけれども、私にとっては大変ではなかった。何故かというと、身を投げ出しているからね。神様に任せた体でしょう。

神様に任せた体に何があったって、苦労にはなりませんよ。なんにも苦労じゃないんだもの、そのまま動いている。一番いやだったのは、(霊修業中に)十三間道路という自動車がひっきりなしに通っているところを「目をつぶって歩け」と言われた時。いやだった。それは果たして否定して、渡らないほうがいいのか、否定しないで渡ったほうがいいのか。考えてしまった。結論は渡らないほうがいいんです。自動車が隙間なく走っているのに、そこを目をつぶっていけば、轢《ひ》かれてしまうに決まっているでしょう。或るいは轢《ひ》かれないかもしれませんよ。けれども、そういうバカなことをする必要がなかったから、しなかったのですよ。そうしたらそれがよかったのですね。

そのようにとても試されたことがあるのですよ。

暗闇の中で坐っているの、統一している。大勢いたんですね、交霊会ですからまっ暗です。隣りにきれいなお嬢さんがいるんです。暗いからわからないけど、きれいらしいんだ。「隣りの娘はお前の妻になる子だから、手を握れ、手を握れ」と言うのよ（笑）それで手を引っぱるのよね誰かが。手を握ったほうがいいのか、と思っちゃうね。「そんなバカなことはないだろう。握ったほうがいいのか、そんなバカなことはない。握ったほうがいいのか、そんなバカなことはない」とやっているうちに、それはいけないのだ、という心が強まって、手を握らなかった。それを握ったら、私の今日はないんです。握ってしまうようではだめなんですね。

そういうように試されたことは随分ある。だけど心がしっかりしている、ちゃんと常識があるでしょう。常識のせんがピタッと決まっているから、そんなことはすべきではない、というのがわかるでしょう。自動車の往来のはげしい大通りを、目をつぶって歩け、と言っても、目をつぶって歩かないほうがいいに決まっているでしょう。それは常識としてはいけない。いくら神様の声で言ってきたって、それをやらない。そういうことが私が今日ある原因なんです。だから常識というものは大事なんです。わかりますね。

常識というものはこのように大事なんだけれども、常識常識と常識ばかり考えていたんでは、その人は偉くなれない。むずかしいね。考えなければこの世の中を渡っていけないじゃないか、というのは常識でしょう。ですが考えなければいけない、と思っている以上はダメなんです。考えなければいけないも、常識がなんだも、そんなことはいっぺん全部神様に任せると、ちゃんと常識をはずれたようなことはさせないのです。常識はずれでないことが、ちゃんと出来るわけね。

それはふつうの人より幾分違いますよ。ふつうの人はお金を欲しがるけれど、金を欲しがらない、それだけでも違っている。そういう違い方はいいほうの違い方、誰が見ても。だから人が見て恥ずかしいことをしない。

神様に任せたからといって、勉強しないで「受かると先生に言われたから、全然勉強しなかった」それでは落ちてしまうのは当たり前でしょう。そういうのを常識はずれと言うのですよ。それと同じようなことを大人の諸君もやっているわけなんです。任せるということと、おのずから動くということが一つにならなければダメですね。一つにならない以上は、やっぱり考えてもいいのですよ。

自分は統一していても、雑念ばかり出る、だから自分は統一しても仕方がないのではないか、と思う人があるとすれば、雑念が出ることが一つの勉強なんです。消えてゆく姿として雑念が出てくる。たとえば日常生活においても、考えないで任せろ任せろ、と先生が言うから、任せたいのは山々なれど、どうしても考えてしまうという人もあるでしょう。それは考えてもいいですよ。しようがないんだ。消えてゆく姿として考えているわけだからね。それでやっているうちにああ考えても考えても人間というものは及ばないものなんだ、すべて任せたところから本当の力が出てくるのだ、ということがだんだん分かってくる。体験なんだからね。

そうすると、任せるとか任せないとか、そんなことを言わないでも、自然に任せるような立場になるわけです。それで各々みんな性格が違うでしょう。癖も違うし、消え方も違うわけですね。だから右のことを左の人が真似しようたってダメなのね。それをまだ本当に立派にならない人は、自分のやったことを金科玉条のごとくに「私はこうやったから、お前さんもこうやれ。お前さんのやり方が違う、それはおかしい」とやるんですよ。言われたほうは、立場があって出来ない場合がある。たとえば「市川に私は毎日通って、こうなったんだから、お前さんも毎日通いなさい」なんて言われたとする。ところが夫があったり、子どもがあったり、お客も来るから毎日は通えないでしょう。

「毎日通わないと悪いかしら、あの人はそう言ったけれども、私は毎日通わなければダメなのかしら……」と思い悩んでしまう。そうしたらそれは把われでしょう。毎日通えない人は通えなくていいじゃないですか。毎日通える人は通ったらいいですよ。というふうに自分の生活に適合してやればいいんですよ。自分の生活に適合しないで、人の真似ばかりしたってだめですよ。人の真似をするのはチンパンジーぐらいのものだ。自分自分にみな個性があり、自分自身に生きる道があるのだから、それは自分の心で判断しなければダメです。判断する力も、世界平和の祈りをやっていると、自然に出来るんです。自然に備わってくるんですよ。それが自然法爾《じねんほうに》というのです。一人一人に備わってくるんです。

自分で気が染まない時は、人がなんと言ったってやらなくたっていいんですよ。嫌《いや》いややったって何んにもならないから。嫌《いや》いややってもうまくならないですよ。自分で自然に入ってゆくものなんです。自然に自分の形が出来て、自分の個性があって、各自各自がうまくなってゆくわけね。それにはやっぱり全力を挙げなければいけない。それは苦しい努力というのではないですよね。楽しい努力なんです。ふつうの場合にする努力は苦しい努力。うちの会の場合には楽しい努力。それで足りないところは五井先生が手伝ってくれるんだからね。足らないほうが多いんだけれど（笑）けれども神様のほうで、私の体を通して救ってくれるんですよ。だから皆、安心してやれるだけのことをやればいいんです。やれるだけのことをやるより仕方がないでしょう。やれる以上のことはやれないでしょう。そんなこと話さなくたってわかっている。

それが時々宗教などやると、やれないことまでやらなくてはならない、と思うのですね。愛を施せ、と言うと、自分が借金までして人に金を貸したりして、それで愛だなんて思ったら、とんでもない話でそれは大間違いですよ。自分のやれる範囲で、誠意を尽くしてやればいいんだ。やれないことまでやろうとすると、苦しくなりますよ。世界平和の祈りをやっていくと、やれる範囲がだんだん広くなってくる。この間までこのくらいしか出来なかったのが、これだけやれた。これだけ人のために働けた、というふうに、だんだん人に働きかける力が強くなってくるのです。だからわざわざやらなければいけないものではないのです。こんなやさしい話はないんですよ。

他の宗教ではこんなこと言わないですよ。「あなた方は五人以上、人を集めなければ救われない」と言って、大勢入れた人を坐頭《ざかしら》か組頭にする。それでそのまた子分が集めてくる。また子分が出来て、この人はだんだん上にあがってきて「なんか先生」と呼ばれる。あんまり利口でもないのがのさばっているでしょう。そういうことは私は嫌《いや》なんです。人を余計につれてきたら、その人を崇め奉るようにしたらば、その人が業を積んでしまうものね。

とにかく自分が神様のために働いても、威張る根性が出たら、威張る根性だけ業だからね。それで私は区別しないようになるべくしている。私は古いのに立てられない、なんてうちの人は思わないんです。他では思うんですよ。だから必ず古い人が上になってゆくんですね。それで人を余計に入れたほうが上になってくる。それで威張っている。

大体、新興宗教が人をどんどん増《ふ》やしている。どうして集まるかというと、人間の弱点、弁慶の泣き所みたいのを知っているんですよ。どういうことかというと、ふつうの人は人に立てられないんです大体は。ふつうの奥さん方というのは人になかなか立てられない。立てられるのはどうかというと、宗教の先輩だけなんです。商売をしているおかみさんなんか普通たてられない。そういう人が五人なら五人引っぱってくる。そうすると、五人の人が「先達さん、先生」と崇めるでしょう。先生なんて生まれてこの方《かた》言われたことない。「先生」なんて言われると、途端に喜んで、いくら金を出しても惜しくないような気がして「先生と呼ばれるほどのバカでなし」それを地でやっちゃって、崇められた途端嬉しくて、お金を出してもなんでも嬉しくて人を入れる。そういう泣き所を知っているんですよ。

すると他の人も、先達が崇められるから、そういうことをやってもらいたいために、人をそうやって入れる。そんなの業の最たる業ではないですかね。人に崇められたって、本当に人格を崇められるならば結構だけれど、人格ではなく、ただ古いとか、多く人を入れたというだけでもって崇められたって、そんなの有り難くもなんともないんですよ。

人に崇められなくたって、自分で「ああ私はいい人になってきたな！　有り難いなァ。おかげさまでどんなに辛いことも、みな赦せるようになったし、自分を責めなくなったし、いつも感謝できるようになった。ああ自分は有り難いなあ」というふうになれば、本当に有り難いんですね。

ふつうなら、今までなら不平不満が出るようなことでも、シャクにさわるようなことでも「ああ私はこんなことにも腹が立たなくなったなあ、赦せるようになったなあ、有り難いなあ、私はおかげ様だなあ」ということが、宗教のクライマックスですよ。それが一番いいことです。

そういうふうになるように、皆さんやっていらっしゃれば、自然に自分の生活もよくなるし、世界人類のためにも尽くすことになるし、尽くしたことになるんです。

（注9）高橋英雄氏。一九三二年、東京に生まれる。高校生の時、肺結核発病。それが機縁で五井先生に帰依、一九五四年白光誌創刊。以来、白光真宏会の編集出版に従事、編集長、出版局長、副理事長を歴任し、一九九九年退任。『如是我聞』『師に倣う』『新・師に倣う』詩集『生命讃歌』などの著書がある。

最大の親孝行

（昭和36年2月23日）

この世に生まれるのはよいこと

人間がこの肉体界に生まれてくるのは、お父さんとお母さんがあって生まれてくるわけです。そうすると、現われの世界において一番大事な人、一番の恩人は親なのです。なかんずくお母さんが一番の恩人です。十月十日《とつきとうか》、おなかの中に入れておいて、生み出すわけですよね。女の人は大変だ。赤ちゃんを生むだけでも大変だと思って、私は敬意を払います。

私は間接的には毎日聞くのですよ。「赤ちゃんが逆さですが、先生どうにかなりませんか」とか「どうも危なそうだ」とか、いろいろ年中悩まされるわけです。だから間接的には毎日赤ちゃんを何遍も生んでいるんですけど、実際には生んだこと無いんです（笑）生むのは大変だと思いますよ。だからお母さんが子どもを生んだだけで、子どものほうから言えば、この世の中に生んでくれ、生み出してくれただけで、お母さんの恩というのは大変なものだと思うんです。

だけど、子どもの側から見れば大したことないんだ。「勝手に生んでおきやがって、オレは生まれたくなかったのに。こんな苦しいシャバになんのために出来たのだか、余計なことしやがって」こう思っているのが随分あるんですよ。宗教をしている人には少ないけれど、唯物論者の中にはとても多いんですよ。

「なんのためにオレを生んだんだ。生まれなきゃ苦しみはないのに、生まれたばっかりに苦しみがある」と言う。生まれたばかりに楽しみがあるんじゃないですか。だけど苦しみがあると彼らは思うんです。それは何も知らないから、そう言うのです。この世の中に生まれてくるということは、よいことなのです。幽界にいたまま、いわゆる地獄の層の中で苦しみつづけながら、この肉体界に生まれてこられない人があるんですよ。

幽界で苦しんでいるというのはどういうことかというと、幽界はスピードが速いのです。肉体界はスピードがのろいのですよ。だから悪いことしても、悪いことを思っても、アノヤロウやっつけちゃうと思っても、こいつを殺してしまいたいと思っても、直接的には殺すまで、またやっつけるまでの段階に至るまでには、時間があって、なかなか行ないが現われてこないでしょう。その行ないが現われてこないうちに、いろいろな人の愛や、いろいろな人の守護でもって消えてゆくわけなんですよ。実際的には人を殺したりなんかしないわけです。

ところが幽界というのは、思ったらすぐ現われてしまう。殴ろうと思う時は殴る相手が出てきて、殴ってしまうか、殴られてしまう。とにかくその場ですぐ勝負がつくわけなんですよ。すぐ現われてくる。だからその波を超えない限り、幽界の業想念を抜けない限りは、いつまでもいつまでも、そこで何回もやられているわけなんです。

そこで亡くなった人たちの供養というのがあるでしょう。何年忌というので、仏様をおまつりしたりする。どうしてそういうことをやるのかというと、亡くなって迷っている人が、自分だけで同じ波の中をぐるぐる廻っているものだから、はたから愛の光を放射してあげるのです。そこで供養ということが行なわれるわけです。

世界平和の祈りをしている人たちは、仏壇に向かわなくても、お墓に行かなくても、世界平和の祈りをしていれば、世界平和の大光明がどんどん迷った人のところに投げられてゆきますから、流れてゆきますから、自然に助かるので、特別に何年忌なんていうことをやる必要はないのですけれど、ふつうの場合は、何年忌とか何回忌というのをやって、仏壇に供え物をあげて拝むことは非常に役立つんです。それでお参りしない、供養してないと迷っている人が多い、ということになるんです。ということは、この肉体の世界では、自分だけではどうにもならないんですよ。だけれど自分だけでやっている形において救われてゆくわけです。

親が見てくれたり、友だちが見てくれたり、あるいは先生方が見てくれたり、いろいろと救ってくれているわけなのね。それを気がつかないだけで、厳密に考えてみれば、誰かの援助がなくて生きている人はありません。誰にも見てもらわないで、自分だけで偉くなった、大きくなったという人はいない。自分だけで大きくなるんではなくて、誰かしらが大きくしてくれているわけです。

中からは神様の力が大きくしてくれているし、外界からは、親兄弟、親戚、知人、先生方が、みなこうやって大きく立派にしてくれるわけなんですよ。そういうことを忘れちゃうんだね、実際のことを言うと。

そこでこの人間にとって、一番の恩人は誰かというと、やっぱりお母さんですね。生んでくれたということだけでもお母さんです。何故かというと、幽界でぐるぐる廻って、どうにもならない、いつまでたっても一つの渦からぬけ切れないことは、これは苦しみの連続です。その苦しみから救い出すのは誰かというと、こちらにあるお母さん、お父さんの魂と、守護の神霊が相談して「お前のところにやるから、よろしく頼む」というので、こちらに生まれ出てくるわけなんです。

お母さんの現実の心とお父さんの現実の心が知っていようと知るまいと、生まれてくるわけなんです。生まれてきて、肉体の世界で業を消してゆくわけなんです。消してゆくことによって、幽界に入って苦しまなくてすむような状態が出てくるわけなのね。

幽界にいたのではどうにもならない場合があるんですよ。世界平和の祈りが生まれてくると、大分、様相が違ってくるんです。世界平和の祈りの大光明というのは、いかなるものも、幽界も何も全部浄めて救うからね。救世の大光明のようなものが出て来てしまうと、もう問題にならないんですけれどね。

今までの世界においては、肉体界に生まれてくるということは、業を浄めるための最大の方法なんです。それで肉体に生まれてくるということになる。だから生まれただけでも有り難いのですよ。

ところが生まれてこないほうがよかった、という人が随分いる。本当にバチ当たりだと思うんだ私は。だけれどその人は知らないんだから仕方がない。親が生んで何も世話をしないで、生みっぱなしでどこかへ行っちゃった人もあるでしょう。そういう人だって、母親は恩人なのです。そこで親孝行というものは恩を返す一番の方法はどういうことかというと、親をいい世界へ送ってあげるということです。

親は恩人

親にうまいものを食べさせたり、お金をあげたり、愛してやるというのも親孝行ですけれども、どうせ親のほうが先に逝《ゆ》くに決まっていますね。ふつうに言えばそうでしょう。幽界の地獄になんか送らないで、親をいい世界、霊界やあるいは神界に送ってやる、ということが、一番の親孝行なのです。それ以上の親孝行はありません。

この世でご馳走して喜ばせる——それも親孝行ですよ、けれどもその何乗倍という程の親孝行は、親の魂を目覚めさせて、霊性を開発させてやって、いい世界にやること。これが一番の親孝行なんですよ。

皆さん、親を亡くした人も、お婆さんを亡くした人もいろいろあるわけですが、皆、世界平和の祈りの中に入っていると、亡くなったお婆さんも天国に行くし、これから亡くなろうとしているお婆さん方も、やっぱり天国に行くようになってゆくわけです。それにはまず、子どもが信仰に入って、お婆さんお爺さんを浄めた人もあるでしょう。あべこべに親が入って、子どもたちを浄めている場合もある。子どもの側としては、まず自分が世界平和の祈りの中に入って、世界平和の祈りの中から、親をいい所に送ってやることが、一番の親孝行だと思うんです。

前にも話したことがありますけれど、私は父親と母親をもう天へ送っています。それで生みの父親、母親というのは、この世にいる時は当たり前の凡夫で、何も特別の仕事をしていないんですよ。特別に世の中のために尽くしたこともなければ、社会事業をやったわけでもない。ただ当たり前のお父さんお母さんです。この世になんの功績もないわけです。

なんの功績があったかというと、私を生んでくれたというのが功績なんです。お母さんだけでは生めないから、お母さんお父さん両方の功績なんです。母親のほうはつきっきりで、赤ん坊の時はおしめから何からしてくれたわけですね。

昔のことを言われると、私困っちゃう。私に六十ぐらいの姉がいましてね、昔、私のことを昌《しょう》ちゃんと言ったのね。

「昌《しょう》ちゃんのおしめを取り替えてネよく……」なんて言われると「そうかな、そうすると有り難いんだな」と思って、お小遣いもやっちゃうんですよ（笑）赤ん坊の時から世話をしてくれたという者には、どうも頭があがらないですよね。どんなにこっちが偉くなったって、親だとか兄貴だとか姉だというのには、頭があがらないものですよね。小さい時のことを知っているし、さんざん世話をかけているから。そう言われたらこっちは「ああそうか、有難う」ということになるでしょう。そういうふうに世話をしてくれたわけですね。

父親なんかも特別優れていないし、気の弱い人だったし、あまりこの世で働いてもいないし、そのままでいけば本当にあまりいいところに行かないんですね《向こうで笑っているけれどね（笑）》大したところに行きやしない。それだから私は一番先に、この父親を自分の信者にしたんですね。無理矢理に「観音様を拝みなさい。あなたは本当は罪が深いんだから、拝まなければだめだ」と断乎として拝ませたんですよ。「私の言うことを聞かなければだめだ」と叱りつけて拝ましたのです。そのうちちゃんと素直に拝んでいって、自然に業が払われていってきれいになり、どんどんいい魂になっていきました。それでちゃんと霊界に行きました。（注　昭和二九年一月三日没）

母親のほうは大体いいことをしているし、強い人だし、気のはっきりした人だし、正しい人なんです。そして勇気のある人なものだから、そのままでも相当のところまで行くのです。しかし相当のところぐらい行っただけではしようがありませんから、母親にも私やっぱり文句を言ったんですよ。「あなたはそういう心ではダメだ。そんなことではダメだ」なんてね。よく言った。「私が言ってんじゃない、お前さんの子どもが言うんじゃない、お前さんのお祖父《じい》さんが言うんだ」（笑）「これ聞けよ」とね。母親に子どもが言ったんじゃ効きめがないからサ、お祖父《じい》さんになりかわったりして、声色《こわいろ》も使って、それで諫《いさ》めたりなどした。だんだん立派になって、私の本などもよく読んで『神と人間』なんかも何回も読んだりした。「これはとてもいいご本だよ。神様のご本だよ。全くいいご本だよ」ってそんなことばかり言ってね。

　母親が亀有にいるから、月に一回ぐらい、お小遣いを持って遊びにゆくわけですよ。電話でゆくと知らせてありますから、遠くから来るのを待っているんです。そして顔を見るとニコニコ笑いながら、「お前さんは私の子かね、私の子かねェ」これ随分話すけれどね（笑）つくづく眺めて言う。「お前さんは私の子かね、不思議な子が出来たものだ。私の子かね……」本当につくづく言っていた。亡くなる前にはわかったんですね。自分で生んだ子だけれど、自分で生んだ子でないような気がするんですね。「お前さんは私の子かねぇ、不思議なんだねェ……」なんべんもそればっかり、会うたびに言ってましたよ。そのうち（昭三十三年九月十六日）に亡くなりましたけれど。
亡くなる時には、子どもたちの世話にならないで、厄介にならないで、スッと逝きたい。それぱっかりなのね。「いっぺんにスッと逝きたい。それやっておくれ」と私頼まれていたの。それじゃスッとやってやろう、と思って（笑）
そしたら亀有の兄貴のところから、夜、電話がかかってきたんです。「今、倒れた」という電話。その時私はすぐダメだと思った。わかったもうだめだと。家内は「ちゃんと決まってから行きましょう」と言ったけれど「そんなことだめだ。すぐ行かないと間に合わないぞ」とサアーッと家を飛び出して行ったら、待っていたように、私に浄められて天に逝っちゃったでしょう。
柏手を打ったら、スクッと立ち上がって、ポンポンとやっているうちに立ち上がって、その時は白装束にスッとなっちゃうんです。面白いものですよ。浄まると白装束になるんです。白装束になってこっちを向いて、ニコニコって笑って立ち上がったのですよ。私だけにしか見えないんだけれどね。

そうすると今度、天のほうから祝詞《のりと》が聞こえてきて、守護の神霊が大光明の大霊団がスーッと降りてきて、母親をスッと持ち上げてゆくわけですね。ズーッと上《のぼ》ってゆくんです。その時は祝詞《のりと》でしたね。家は浄土真宗なんだから、南無阿弥陀仏で昇ってゆくかと思ったら、祝詞で上っていったんです。神道というのは一番奥の教えですからね。高い教えというか、一番、元のままの教えなわけです。そしてそこに行かなきゃならないわけです。それで神道の祝詞でスーッと上っていった。私も心配だから、一緒に上って行った。ちゃんと送り届けて帰ってきたんですね。

そういうふうにちゃんと浄めてあると、とても立派なところに行くんです。だから皆さんだって、親御さんが亡くなったりする時には、世界平和の祈りで送ってあげれば、守護の神霊団が来て、ちゃんと持っていってくれるんですよ。そういうものなんですよ。それが一番の親孝行なんです。

守護霊守護神の導き

守護霊守護神がみんな、ちゃんと行くべきところに連れていってくれるわけ、幽界の真中あたりでマゴマゴしていると困っちゃうからね。「お前、寂しいからこっちがいいよ」と地獄のほうまで引っ張っていかれたら困る。知らないで大がいそれをやられている。たとえば肺病で亡くなったとする。亡くなった人がついてきて、その人を連れてゆく。まだ迷っているとまた連れてゆく。三代も五代も連れて行かれたりすることがある。それじゃ困るでしょう。

ところが世界平和の祈りになると、それがなくなってしまう。迷ったものがきれいになりますから、今度は副守護霊みたいになりますから、あべこべに助けてゆくわけですよ。だから何にもまさって尊いものは、世界平和の祈りです。世界平和の祈りで守護霊守護神と一緒になって、この世の中を救ってやらなければいけません。

肉体人間だけでは何事もなし得ないです。何も出来やしない。何が出来るかというと、魂が出来るのです。その魂の力を援助してくれるのは守護霊守護神なんです。

守護霊守護神の力がなかったら、人間は業の波に巻き込まれて、どうにもなりません。そこで私は守護霊守護神というものをハッキリと打ち出したわけです。

守護霊守護神の存在というのは今までぼやけていたからね。それで私は「守護霊というのは祖先の悟った霊で、一番身近についているんだよ。守護神というのは直霊の分かれたもので、守護霊の上についていて、守護霊守護神が協力して、この肉体の人間の魂の本質、本心を開いてくれるんだよ」と言っているのです。「守護霊守護神さん」と感謝していると、守護霊守護神とぴたっとくっつきます。守護霊守護神を知らないのは、業想念が間にいっぱいあって、うんと離されているからです。

「守護霊さん守護神さん有難うございます。世界人類が平和でありますように」とやっていると、どんどん自分とくっついてきます。ぴたっとくっついたらしめたものです。危いところでもパッとよけますから。たとえば上から何か落ちてくる時に、自然によけるし、会いたくない人にはスッと会わなくなるし、自然に危険を避けるようになってしまうんです。それが守護霊守護神の力なんですね。

ところがふつうの場合は、危ないから守護霊さんが「こっちへおいで」と言っても、こっちは聞こえないで、逆の方向へ行っちゃうのです。震災や災害なんかでも、守護霊守護神との本当のつながりがあれば、みなよけられるんだけれど、つながりがないと、守護霊のほうが一生懸命引っ張るのだけれど、業のほうに引っ張られて行っちゃうんですね。

皆さんはそういうことはありませんよ。世界平和の祈りをして、いつも守護霊守護神に感謝している人たちは危ない時、絶対に守護霊守護神が引っ張ってくれます。だから安心していいですよ。どんなところに行っても、安心していいです。大丈夫です。世界平和の祈りをしていて危険なことはありません。だから安心立命して、世界平和の祈りをしていらっしゃい。

守護霊守護神が守っています。完全に守っています。皆さんの目に見えないけれど、見える人も随分あるんですよ。ここには一杯守っています。ここに人間がいます。すると、正守護霊が一体いて、副守護霊が二体ぐらいいて、そしてその上に守護神がついているんです。これだけでも多いのですよ、そこにもってきて、世界平和の祈りの大光明の守護霊守護神団が応援しているんですから、これは安全に決まっています。神々に囲まれていて、その中で動いているようなものだから、心配は何もありません。そういう光の防壁を皆さんは持っていらっしゃるんです。

守護の神霊に感謝するとともに、世界平和の祈りを一生懸命やっていれば、絶対に安心なのですよ。それを心から信じたほうがよろしいですよ。それが親孝行にもなるし、祖先への孝行にもなるし、人類のためになるわけです。こんなに易しいことはないんです。今まではそういうことはなかったんですよ。救世の大光明というのは、そんなに近くにいなかった。それがズーッと降りてきているんですから、ここまで（肉体界まで）降りてきているんですから、安心していればいい。

祈る人は光り輝いている

霊眼でみると、ここは一杯光り輝いて見えるんです。私のそばも光り輝いて見えるし、皆さんだって光り輝いて見える。そういうものなのです。人間は大体太陽のような光なんです。太陽神の光のようなものです。全部。それを現わしたのが霊光写真ですよ。霊光写真というのは、私を写してああなったけれども、皆さんだってちっとも違いはしない。霊光なんです。ただそれをハッキリ現わしているか、いないかの違いだけで、皆光っているのです。

それで霊光を現わすためにはどうしたらいいかというと、この世の不幸なこと、災難も病気も、嫌なことはみな、消えてゆく姿であって、自分は神の子であり、神の子の光がそのまま出ているもんなんだ、という気持ちで、世界平和の祈りをしていれば、その人は光り輝いている人なんです。なんでもない易しいこと、ちっとも難しいことはない。

これが毎日毎日朝三時に起きて、滝に当たらなければならない、とか、山に籠らなくてはならないとか、三七、二十一日間断食しなければならない、とか、蠟燭《ろうそく》を腕において燃えつきるまで祈らなければならない、というのだったら難しいですけれど、守護霊さん守護神さん有難うございますと、ただ世界平和の祈りをしていればいいんだ。寝ていても起きてもいい。歩いていてもいい。なんでもいいんだという、こんな楽なことがあるでしょうか。ありはしません。こんな楽な宗教の方法ってないんですよ。

これでダメだったら、もう一遍やり直しですね。これ以上易しいことは言えないものね。神様はちゃんと道具だてしてあげて、それを摑む摑まないは自分の好きずきだものね。

「消えてゆく姿を全然なしにしてくれ」とこういうことを言う人がある。（笑）「何も悪いことなしに、一番初めからいいことにしてくれ」それはずるいよね。

「何も勉強しないで、学校もあがらないで、字も覚えさせ、ソロバンもさせ、何々もさせてくれ」そんなことを言ったって、やらなきゃ出来ない。第一それでは面白くないじゃないですか。何もしないでノホホンとしていたら、偉くなっちゃった。そんなバカな世の中だったら、生まれた甲斐も何もないでしょう。だから少しぐらい消えてゆく姿をやらなければ面白くないですよ。「神様がこの世の中にあるならば、消えてゆく姿なんかなしにして、辛いことなんか何にもなしにしてください」こんな虫のいいことを言う人がいる。

考えてもみなさい。前の世でどれだけ悪いことをしたか。そういうことを言う人がくると、前生全部言ってやろうかと思うんです。

「あなたはこの前の時には、これこれこんなことをしたではないか。その前の時はこんなことをしたではないか」というように全部聞かせてやろうと思うけれど、それをやったら、今度潜在意識に残っちゃって、夢にまでみて、ノイローゼか何かになると困るから言わないけれども、前の世のことを考えたら、今の出てくる業想念、消えてゆく姿が出てきますけれど、そんなものは問題じゃない。

人間というものはどれだけの悪いことをしているか。肉体人間のほうは罪悪深重《ざいあくじんじゅう》の凡夫なんだから、動物を殺して、ただ食べているだけだって悪いのだから、本当を言えば。それが積み重なっているんだし、人のためにならないことをやっている。

それでも神様は赦してくれているわけなんです。神様の赦しの大なることは、もう感謝感激雨あられですよ。

私たちのように想いの世界のわかるものは、神様有り難いなァと本当に思いますよ。ああ、あの人なんか本当は無事に生きていられる人ではないのに、いつでも文句ばかり言っているのに、神様のほうで赦して助けてくれて、有り難いと思っちゃう。世の中には、よくも赦しておくなァという人がいるんだから。それを自分はいいと思っていることがあるとすれば、いいと思っているだけマイナスです。

妙好人《みょうこうにん》と言われる人たちがいるんです。妙好人というのは浄土門から出ているんですね。南無阿弥陀仏から出ているんです。妙好人というのは、白蓮華のように、きれいに浄まった人という意味なんです。悟った人です。それで学問なんかない、知識もないんですが、行ないが素晴らしくいい。そういう人を妙好人というのです。

自力の聖道門や禅宗なんかからは出ていない。「みんな南無阿弥陀、このじじいのような悪いものを」というところから出ているんです。この間、白光誌(注11)に書いたのは因幡《いなば》の源左さんで、お百姓なんですけれど、ものすごくいい人なんです。けれど自分は一番の悪人だと思っている。一番のどん底の悪い人と思っている。ちっとも悪くないのですよ。

自分が一番悪い人だと思って、何が来ても、どんなことが来ても有り難いと思っている。子どもが長男、次男とつづけて二人、気狂いみたいになって死んじゃうのです。お寺の和尚さんが「いくら阿弥陀様の慈悲といっても、こんなに悪いことが重なると、慈悲と感じられないだろうね」と言うと「いやそんなことはありません。阿弥陀様のご慈悲でございます」素直に本当にそう思っている。それで「この苦しみから逃れて、早く阿弥陀様のところに行かれた、有り難いことだ」というような考え方をするんですよ。

火事で焼けちゃうことがあるんです。でもそれがそのまま有り難い、前生の業がこんな苦しみぐらいで消えていって有り難い……すべてそういう式なの。それには泣かされますよ。すべてが有り難い。いいことをして有り難いのは誰だって有り難いわね。お金が入りました有り難い、出世しました有り難い、というのは有り難いんだけれども、ふつうの場合でいえば有り難くもなんともないことを、スパッと有り難い、と思えるんです。とても素晴らしく、見ていると涙ぐましくなっちゃうんです。

牢屋に入っている犯罪人たちをみると「私のような悪い者が入らないで、代わりにあの人たちが入ってくれ、こういうことをすればこういうことになる、という見せしめをしてくださって、本当にあの人たちは私たちの身代りになっているんだ、有り難い」という調子なんですよ。そういうのを聞くと、ああいい人がいるもんだなァ、人間はいいなァと思います。

自分は罪悪深重の凡夫と、自分をどん底に置いてある。肉体のほうの自分をね。だから何も出来ないから、みな神様、阿弥陀様――親様と言っています――のほうからやっていただくのだ。すべては阿弥陀様のほうから頂くんだ、何一つ自分の力ではしていないんだ、とハッキリ割りきっているんですよ。

こういう人をみると、実に魂が浄まります。うちの宗教なんかもそれと同じことをやっている。肉体の自分の力では何も出来ない。だから世界平和の祈り言を通して、救世の大光明の中に自分が入ってしまって、いいとか悪いとか判断をすることさえも、自分としては出来ないのだから、いいも悪いもすべて世界平和の祈りの中に入れてしまって、世界平和の祈りの大光明のほうから、この生活を毎日毎日新しく頂き直していこう、というのが世界平和の祈りなんです。

真実の南無阿弥陀仏も本当はそうなんです。ただ自分だけが仏様の中に入って、自分だけが救われる、という形になるんですね。ところが世界平和の祈りは、自分が世界平和の祈り言で入ってゆくと「世界人類が平和でありますように」という大きな愛の心でしょう。スーッと横に光が広がってゆく。南無阿弥陀仏の場合は、自分と仏様との間だけはきれいになってゆく。ところが世界平和の祈りというのは、入る時にもう横に、人類に、世界中に、光が広がってゆくんですよ。

往相《おうそう》といって、自分が救われる姿、それが南無阿弥陀仏なのね。救われてから、自覚がついてからやった南無阿弥陀仏は、今度、還相《げんそう》になって広がってゆくんですが、そこまでなかなか行かないんですよ。時間がかかる。ところが世界平和の祈りというのは、まだ悟っていなくても、罪悪深重の凡夫のままで、なんだこんな世界平和の祈り大丈夫かしら、でも先生が言うならやりましょう、というぐらいで世界平和の祈りをしても、やっぱり世界平和の祈りが持っている使命、役目があるから、いっぺんにサーッと横に光が走ってゆくんです。その人を通してね。

「なんだかわからないけれど、やらないよりましだ」と言って〝世界人類が平和でありますように〟とやっても、その人はそのまま光の中に入ってゆくわけです。自分が悟ろうと悟るまいと、光はその人を通して世界人類のほうに流れてゆくんですよ。これが世界平和の祈りの大変な功徳だし、大変な力なんです。

昔、塚本清子さんという人が八幡様のお祭りで、葛飾八幡宮にご挨拶のつもりで、世界平和の祈りをして石段を降りてきたら、そこに易者のお婆さんがいて「あなたのうしろには凄いお光が出ている、凄いお光で守られている。何んの守護神さんでしょう」ときかれた、というお話がありますね、易者のお婆さんが見たんですよ。ただ世界平和の祈りをしているだけなのに。今みたいに偉くなっていない時で、当たり前の奥さんの時です。やっぱりすごい光が出ているんですね。

浅草橋の山本さんという人は、お墓へゆくと必ず世界平和の祈りをしていた。山本さんのところによく行者さんが来ていた。その人が「あなたのお墓のところから光がいっぱい出ていて、他のお墓にも光が放射されている。どうして」と言ったという。山本さんはただ世界平和の祈りをやっていただけでしょう。

その人が悟ろうと悟るまいと、世界平和の祈りをやっていることが、世界人類のためになっていることなんです。世界人類のためになればそのお返しは、必ず自分に来るに決まっています。徳はみんなかえってくる。世界平和の祈りは世界人類のためなんだから、自分だけでなく、子孫代々、末代までに徳が伝わってゆくわけですよ。

こういう祈りはいまだかつてないんです。それはいよいよ末世、最後の世だから、そういう簡単にして効果のある祈り言が出てきたんです。だから皆さんは安心して、世界平和の祈りをやっていればいいのです。

〈統一余話〉

皆さんがここに一人一人いらっしゃるけれど、一人一人の形の人は、実は出店《でみせ》にすぎないんです。出張所ですよ。それで皆さんは全部出張所所長なんです。この体は波ですからね。波の一番末端です。波が細かくなるにつれて、一番上まであるわけです。上までズーッとつながって一つになっているわけ。その一つさえもないというのが「空《くう》」です。そこまで来るんです。本当は皆さんそこに居るんです。

皆さんはここ肉体に自分がいると思っている。けれど実はここにいないんです。ただ波が現われているだけですよ。だから死ぬなんていうのは、別になんでもない。波の現われている末端の波がなくなって、本店に帰るだけなの。總《そう》本店に帰らないかもしれませんよ。霊界の本店に帰るか、とにかく總本店にはなかなか帰らないけれど、ちょっと帰るだけですよ。ただそれだけに過ぎない。ちょっと上ってゆくから楽ですよ。

肉体の生活というのはなかなか大変ですよね。肉体というのはのろいから。けれど霊体のほうはとても敏捷《びんしょう》ですから、浄まっていさえすれば、霊界に行ったほうが楽ですよ。浄まっていなければ幽界ですからね。

皆さんの場合には、世界平和の祈りに入っちゃっているから楽ですね。死ぬことというのは。この間から死ぬことばかり言っているけれどもね（笑）やがて行くからしようがない。波が変わるだけです。波が変わるというより、波がなくなるだけですからね。もっと微妙なものになるだけだから、これは楽ですよ。

ところが人間は肉体なり、と思いこんでいる人は、波がなくならないんです。肉体がなくなったのに、やっぱり肉体の波動の、物質の愚鈍な波動の中にいるんですよ。亡くなってもね。それだからとてもやりにくくて仕様がないです。だから、物質的な執着とか、この世で自分が欲しいとか、いろいろな想いがあるでしょう。そういうものは本当にくだらないものなんですよ。

それでこの世の中で、一番大事なものは何かというと、学校に上ろうと上るまいと、成功しようと成功しまいと、上役になろうとなるまいと、何かが出来ようと出来まいと、一生懸命やる、その一生懸命の想いが一番大事なことなんです。それ以外大事なことはないんですよ。

楽をして得をしよう、なんてそんなケチな根性を持ったら、絶対にいいところに行かない。皆さんは前生から一生懸命修行したものが神様を摑んだんですから、今、世界平和の祈りを摑んだんですからね。前に一生懸命やっていない人は、世界平和の祈りを聞いてもわからないです全然。ご利益ばかり思っているからね。

「宝くじ当たりませんか」と言うようなもので、そんなことを聞きに来る人は長続きはしない。豆の相場ばかり聞いている人はダメですよ（笑）やっぱり魂の相場を聞かなければ。「私の魂の相場どのくらいでしょう?」「今は大したことないけれども、もう一年もすれば大分上がるだろう」というようなことを教える。

皆さんは上等です。極上かどうか知らないけれど上等です。本当です。この統一会に出ようという人は上等ですよ本当に。だから皆さんは自分は上等だと思ってください。

（注10）故・島田重光氏が、家の前に立っている著者を写したもので、著者の肉体ではなく、光体だけが写っている。この光体は霊、幽、肉の三体が三つの輪に見える。中央の光が霊体である。そこから光波が出て幽体、肉体が出来ると言われている。

（注11）白光真宏会の月刊機関誌『白光』のこと。

想いというのが大事

（昭和36年5月21日）
飯田橋・東京割烹女学校にて

人間は神と一つ

この世の中は不完全、不調和きわまりない世界です。ところが真実の世界からみると、真実の世界とは神様のみ心からみると、人間の心の中には完全円満な姿があるわけです。人類の底には完全円満な大調和した姿があるわけなのです。こういう考え方は神道的な考え方、法華経的な考え方なのです。

ところが西洋人が考える考え方というものは、神様というものと人間は別なのです。今度、教義(注12)と世界平和の祈りの翻訳を頼んだのですが、英語には分霊《わけみたま》という言葉がないのです。神様は神様なんです。人間は人間なんです。画然と分かれているわけです。東洋的な考え方、なかんずく神道的な考え方、法華経的な考え方というのは、神というものと人間というものが一つにつながっている。いわゆる人間は神の子である。神の裔《すえ》である、というように考えるわけなんです。サァどちらが正しいのか？

人間は神の子である、神と一つのものである、ということにならないと、世界に本当の平和は実現しないのです。何故実現しないのか？

神の大生命が小生命と分かれて、ここ（肉体）に来ているわけです。だから人間は神の子としてのいのち、小生命として生きているわけです。神様は小生命を人間に与えると、人間は人間の力で神様の完全円満な姿をここに現わしていかなければならない。ところが人間の想いの中に、人間というものは不完全なものだ、人間はどうやったって相対的なもので、争いの尽きないものだ、という想いがある。そうすると思う通りに世界はなってゆくわけです。

人間が、鳥のように空を飛びたいな、という念願が飛行機を作るように、明るい世界が欲しいな、という願いで電灯が出来、いろいろな灯りが出来たと同じように、思うことがやがて形の世界に現われてくるわけなのです。だから人間の想う通りになってくる。ただすぐなるわけではなく、長い間にいろいろな人が思ったことが、だんだん実現してきて、昔と今とでは、今の方が文明文化的にも、人間の精神的にも昔よりよくなっている。昔は奴隷制度が平気で行なわれていた。

日本でも大名があり、旗本があり、侍があり、百姓があり、商人、町人があって、侍というものは、町人を虫けらのように殺したって、別になんともなかった。斬り捨て御免というような馬鹿なことが行なわれて平気だったわけです。今の世の中では、人間のいのちというものを尊重して、人間というものはお互いに平等なのだから、というので、どんなに地位がいい人でも斬り捨て御免、というわけにはいかなくなっている。

ということは、自分が気づいていても気づかなくても、神のいのちの姿、神の完全円満性がだんだん精神的な面にも現われていることであって、今の世界が昔の世界よりも悪いということは絶対にないのですよね。

文明文化の上では昔と現代とは、隔絶的《かくぜつ》に開いています。箱根八里は馬でも越すが……という駕籠《かご》か馬に乗って箱根さえも越えていた時代と、ジェット機でアメリカへ箱根を越すより速く行ってしまうような時代とは、隔絶した相違があります。それと同じように精神面でもやっぱり進歩しているのです。あまり文明文化ばかり進み、形の世界ばかり進んでしまったものだから、精神の世界では昔よりずっと遅れているように考えるけれども、そうではないのです。

じっと考えてみると、人間を殺してはいけない、という考えは非常に深くなっています。昔はそうではないですよ。戦争も方々中起こっていたし、年中小競り合いがあったし、日本では侍というものがあって、町人なんかを平気で殺しているのですよ。生命を粗末にした。自分のいのちも人のいのちも粗末にするような考え方が随分ありました。それが当たり前になっていた。だんだんそういうものがなくなって、生命尊重というような考えが、曲がりなりにも聞こえているわけです。精神面の上においても、大分立派にはなってきているのです。立派にはなってきているけれども、科学面のほうが先行して進んでいて、精神面が遅れているわけです。余りはなれすぎてしまった。

それはどういうことかというと、人間の想いの中には、人間というものは完全円満ではないのだ、神と人間とは違うのだから、人間の世界というものは不完全なのが当たり前だ、というような形の世界に把われた想いが充満している。そういう世界の教え方を、みな今までの西欧諸国ではしているわけですよ。だから神というものと人間というものが分かれて、神の分命《わけいのち》、分霊《わけみたま》というような言葉がないんですね。面白いものでしょう。ありそうなものだけれどもないんです。

ということは、東洋的な考え方と西洋的な考え方の違いなんです。それが東洋人が精神的、霊的であって、西洋人が物質的であるという一つの現われであるわけです。それが今、東洋的な考え方は物質文明というものに追いまくられている。物質文明というものは西欧諸国から輸入してきましたね。物質文化の発展というものは、西欧諸国の文明文化をとり入れて、東洋諸国が後からついてきたわけです。

日本人は頭がいいものだから、とり入れたものを、初めに発明したものより良いものにした場合が随分あります。それは東洋人、なかんづく日本人は、各国のあらゆるものをとり入れて、右も左も、縦も横もみな一つにまとめて調和体を創り出す、という使命を持っているんです。これは天命なんです。だからあらゆるもの、あらゆる発明が入ってくる。それを合わせて、一番完全ないいものを創り出す、ということが日本人の特徴なんです。だから日本に入ってくると、みんなよくなる。宗教でもやっぱりそうです。仏教も日本が発明したのではなく、インドから来ている。中国を渡って日本に来て完成している。いろいろな教えも日本にくると完成してくるのですね。日本というものは完成する役目を持っている。大調和する役目を持っている。

大調和するための一番根本的なものは何かというと、神様と人間というものを分けてはいけないということです。神様と人間を分けている以上は、人間は罪悪深重の凡夫なのですからね。肉体の人間というものは、本当にしようがないものですよ。いくらいけないと判っても、いけないと思いながらやっているのですからね。それで自分では「悪い悪い」と心を痛ませている。大ボスの悪いのは何やったって痛まないけれど、良心的な人であればあるほど、神のみ心というものと肉体的人間の心というものが離れていますから、そのギャップに悩むわけです。そこで私は、「消えてゆく姿」という言葉を使っているのです。

肉体人間と神様というふうに考えますと、どうしても神様は高い所にあるし、肉体人間は低い所にあるし、肉体人間は罪悪深重の凡夫だし、神様は完全円満だし、どうしてもこれは離れてしまうのですよ。そこで私は、肉体人間というものは消えてゆく姿なのだ、とはっきり言っているわけね。

肉体人間というものは、罪悪深重の凡夫であって、罪の子であって、肉体人間の力でどんなに立派になろうと思っても、どんなによくしようと思っても、これはなかなか神様のみ心まで到達しないのだ。だから肉体人間観というものを、いっぺんすっかり捨て去って、神様のみ心の中に任せきってしまって、改めて神様のみ心のほうからやり直してもらうわけね。人間が初めて肉体として生まれてきたと同じように、やり直しを神様のほうでやってもらうわけです。やり直しをやってくれる、要するに大神様と人間とをつないでくれる光の柱は何かというと、祖先の悟った霊である守護霊さんと、直霊の分かれである守護神さんで、それに光の柱になってもらって、それを通して大神様の中に、自分たちの心を入れて、神のみ心として、一人一人の人間が生き直さなければいけない、というように説いているわけなのです。

世界平和を祈ると神のみ心と一つになる

そこに世界平和の祈りというものがある。世界平和の祈りというのはどういう意味かといいますと、神様のみ心というのは地球世界の大調和を念願しているわけね。神様のみ心というのは完全円満で大調和なのです。大調和の心というのは平和です。

地球世界の平和を願う。他の星のことはひとまず置いて、地球世界の平和を願います。そうすると、私たち地球にいる人間の地球世界の平和を願う想いというものは、神様のみ心と一つになるわけです。

世界人類が平和でありますように、という想いを自分が出せば、神様のみ心の大調和の心、完全円満なるみ心の中に入ってゆくわけなのです。その平和の祈りというものは、守護霊守護神の集まりである救世の大光明、いわゆる救世主ですね、その中からこの言葉は出ているわけなのです。それが私なら私の体を通して「世界平和の祈りをすれば、皆救われるのですよ」とこういう言葉になって出てくるわけね。守護霊さん守護神さんと言っても、形に見えませんよね。観念的にはわかるけれども、それで〝世界人類が平和でありますように〟という祈りがすでに光の柱になっているんだよ、光のエレベーターなんだよ。だから世界人類が平和でありますように、という時には、自分がどんな間違った想いをしていても、ああ自分はダメだダメだと思っていても、あいつは悪い奴だと思っていても、どんなに業想念を持っていても、業想念ごと光のエレベーターの中で浄化されて、いつの間にか浄まってしまうのだから、自分で悩むことはありませんよ、と説いているわけね。

そうすると、人間というものは悪いものではなくなるわけですよ。人間というものは昔から、生まれながらにして神の子である、完全円満なものだけがここに残ってくるわけなのです。だから世界平和の祈りをして、ああ世界平和は必ず実現する、というような想いが湧いてくる時は、本心の中からそれが湧いてくるわけね。業を消して湧いてくるわけです。業がかぶさっている時には「世界平和の祈りをしたって、こんな悪い世界がよくなりはしないだろう、自分だってこんな間違っている想いをしている」と思うのです。しかし思うのは勝手に業が消えてゆく姿として思うのであって、自分の本当の姿が思っているわけではないのです。

私なんか皆さんをこうみていますと、皆さんの後ろに守護霊、守護神も、祖先の姿も見えます。ふつう肉体としては一人で歩いていると思っているでしょう。自分が勝手に歩いているような気がしているのだ。ところが私からみると、三人にも五人にも守られて「こっちに行ってはいけないよ」と引っ張られて歩いているんです。それを自分で知らないのですよ。それで自分で歩いていると思うのね、ところがそうではない。

就職の時にはそういうことが多いです。自分ではこっちの線で行こうと思っているのに、いつの間にか他に行ってしまって、それでパッといい就職が見つかったりすることが随分あります。会いたい人に会う時には、随分守護霊のおかげがあるのですよ。というように、いつでも守護霊守護神というものが守って、ちゃんとやっているのですよ。それなのに自分の我欲というか、肉体想念の業の習慣というものは、自分のほうに行こう行こうとする。そうすると守護霊のほうでは、それではダメと引っぱる。私なんかこうやって見ていて、ああ本当に肉体の人間というものはしようがないものだな、と思っちゃうんですよ。一生懸命、守護霊がこうやろうとしても、いつでも反対のほうに行こうとする、それは業なのですね。

守護霊守護神を考えなければ、業のまま行っちゃって、世界人類は亡びてしまうわけなんです。ところが亡びないように、守護霊守護神が来ているんですからね。世界人類を平和にしようとして、神様のみ心を現わそうとして、守護霊守護神の姿になって肉体人間の側にくっついているのですからね、必ず完全円満な地球世界が出来るに決まっているんです。

どんなに業がいくら暴れたって、業は消えてゆく姿。守護霊の光、阿弥陀様の光を消すような悪業というものは、どこの世界にもありはしないのです。どんなに凄い業でも、大光明の中では消えてしまうのです。だからいくら業が出たって構わないですよ。どんなに自分の中から悪いものが出たって、どんなに人の悪いものが出たって、たとえ共産主義があろうと右翼があろうと、そんなこと問題じゃないですよ。単に時間がたてば消えてゆく姿。

四次元との時差

けれどもこの地球世界というものは三次元、時間を加えて四次元の世界で動いているものです。だから空間と時間というものがある。どんなに真理が現われるのでも、時間がかかるわけです。言い換えれば、大神様の完全円満なみ心というのは無限波動で、微妙な波動で降りてくる。微妙な波動だから時間がない。時間を超えた波動でしょう。超スピードというわけね。無限のスピード。そうするとこのスピードがスピードのままでいたのでは見えません。私なら私がいてこの言葉が出てくる。これは神様のみ心から出てくるでしょう。それがスピードの速いままいってしまったら、聞こえません。なんだかわからない。この柏手を打つのだって、時間的に打っています。それがそのまま光が出ていったらわからない。私がこうやっている時だって、光がパアッと出ているけれども、改めてこうやったほう（手を広げる）が光が出て自分に当たっている感じがするでしょう。こうやらなくたっていいようなものだけれども、やらなければわからない。五感から入るのと、霊的に入るのと両方ないと、人間はわからないのですね。それで肉体の人間みたいな形をしてみな現われているわけね。

本当は肉体の人間のこんなものは要りはしないのですよ、本当は。だけれどもなければ話にならない。話すことが何もない。「人間が神の分霊なら、何故こんな苦しむのか。こんな苦しむような、こんないろいろ考えるように、神様は何故生んだのだ」とつまらないことを言っている人があります。「何故生んだんだろう」と言ったって、生まれてくるものはしようがないじゃないか、と私は言うの。元に帰ってみろと私は言うの。生まれたものは生まれたところから始まらなければだめよね。「生まれなきゃよかった、そのほうがよかった」と言う人がある。

私たちがここに出ている以上は、出来たところから始まるのに、出来ない前のことを、出来なきゃよかった——と言う。これを愚痴と言う。それさえも消えてゆく姿だけれどね。生まれなきゃよかった、というのなら、元に自分で還ってごらんなさい。仏教では諦感《ていかん》というのだけれど、諦めというものがないといけませんね。やっぱり諦めの世界というのも必要なのです。

人間というものは肉体的には業想念の人間だから、罪悪深重の凡夫で、どんなにいいことをしようとしても、なかなか出来ない。自分を捨てて良いことは出来ないのです。真理がこうだと言っても、自分は出来ないのですね。人間を平等に愛せよ、と言ったって、平等に愛することが出来ない。といつも私は言いますね。自分の子と人の子を同じように愛することはとても出来ない。自分の妻と人の妻とを同じように愛したら大変だからね（笑）出来ないほうがいいのだから。うまく出来ているんです。自分に一番身近な者を愛するようになっている。因縁の近い者を一番愛するように誰でもなっている。そこで秩序が保たれるわけなのです。

日本の国に住んでいる者が、日本よりソビエトを愛したら困りますよ。やっぱり日本の国の者はまず日本を愛するようになっている。なっているけれども、それはやっぱり業想念なんだ。いいですか。この地球世界としては一番身近な者を愛するのは当たり前。当たり前だけれど、真理としては、みな平等なのだから平等に愛さなければならないでしょう。面倒くさく出来ているものですね。面倒くさく出来ているところが面白い。あまり簡単だと面白くない。

映画みたってそうだよ、悪いのが出てきた。何かしようとするとエイッと斬られておしまいになれば、一回ですんじゃうもの（笑）面白くない。やっぱり負けたり勝ったりしてやってゆくところが面白い。山登りだってそうですよ。低い山を登ったって面白くない。ヒマラヤを登っていのちを落として死んでしまうでしょう。あれは死んでもいいんですね。登りたいのだからね。そういうものを持っているんですからね。それがまた楽しみなのですね、そういうふうに、あまり簡単に片《かた》がついたのではこの世界は面白くない。

世界は亡びてしまうだろうか？　日本はダメになってしまうだろうか？　いろいろ心配したり、いろいろ考えて、考えながら最後に、ああ、そうではなかった、これが本当の姿だった、ああよかったな、というのでいい気持ちになるわけです。そういうふうに出来ているんだから、どうして出来たかと言ったって、それはもうしようがない。それは大神様に聞いてみなければ。私はそういう役目ではないから、そんな質問をする人にはそうやって答えている。

私の役目は、何も大神様の出来た由来から話す役目ではないので、ここに出来ている業想念というものを、きれいに取り払って、地上世界の本当の幸福と世界平和を築くための働きに出てきているのだからね。その前のことは他の人に聞きなさい、と言う。誰だって説明できる人はありはしない。この世界の中に、大神様がどうして出来たか、説明できる人なんて一人もいないです。なんでこんな違った人間ばかり作ったのか、という質問だって、この肉体の世界にわかるようにはなかなか説明できない。私なんか一番よく説明しているほうなのだけれども、それだってわからない人にとってはわからない。

たとえばこういうことになります。

神様というのは無限波動だから、微妙な波動で素晴らしく速いのだ。「あっ」と言えば「あっ」という時間さえもないのだからね。神様の世界には時間がない。パッと現われてしまうわけです。神界でも霊界でもそうです。時間を超えているわけです。と言われたってわからないでしょう。

時間を超えているので一番近いのは、テレビやラジオです。放送局でやっている時は、こっちでも見えている、聞こえている。時間があるけれどもほとんど時間がない。と言っていいくらいの速さです。ああいうものです。肉体の波動というものは粗《あら》いのです。目に見えないほうが稀薄でしょう。透明ですものね。

ここに何もないかというと、あるのですよ。空気もあれば霊体も一杯来ています。みな見えやしない。つきぬけてしまう。稀薄でしょう。それは波が非常に細かいからわからない。本当はぶつかっているのですよ。けれどぶつかっていない感じでしょう。風がある時はぶつかりますよ。空気がじっとしている時には何も感じない。ところが風が来てごらんなさい。抵抗を感じるでしょう。動くと感じます。微妙な波動の時は感じないのです。そうすると微妙な波動が微妙な波動のままでは、この肉体の世界、物質の世界には現われることは出来ないし、感じることは出来ないでしょう。そこで粗い波動になるまでの時間があるのですよ。

神のみ心そのままのものがあったとしても、粗い波動の肉体の世界に到達するためには時間を経ないと、波が粗くならないのですよ。合わせられない、その時間待ちなのです。時間を待っている間に、ぼんやりしていられないの皆、焦っちゃって。何もしなくたって良くなるに決まっている、と思ったって、何んにもしなければ食べられないし、何んにもしなくていい、と朝から晩まで坐禅観法でもしていられれば、それもまた偉いけれども、そんなことしていられないでしょう。なんだか動きたくなってきます。

いのちというのは動かなくてはいられない。赤ん坊を見れば一番わかります。じっとしている赤ん坊はいないでしょう。年中動いていますよ。あれはいのちが動かないではいられないで、伸びたり縮めたりして動いているでしょう。ジーとしたまま寝ている赤ん坊なんて私、見たことがない。生きているうちは動きます。だんだん年寄りになると、向こうが近くなるからだんだん動かなくなる。若ければ動きますよ。そういうふうに出来ている。いのちは動くように出来ている。動くように出来ているいのちを動かさないわけにはいかないでしょう。自然に動くのだから。

いのちをどういうように動かすかによって、運命が決まる。個人の運命も世界人類の運命も決まる。この頭の中の、我欲の中の物質界の法則の中だけで動かそうとすれば、霊界の法則と違ってくるからね。物質界の法則というのは、肉体人間を大きく太らせて、豪華な着物を着て、豪華な家に住んで、のんきにして、と大体思うのですよ、ところが霊界のほうはそうは思わない。いのちを真直ぐに働かす、神様のみ心のままに動かそうと思っている。守護霊守護神のほうは、神様のみ心のままに人間を動かそうと思っている。ところが肉体のほうはふつうそれを知らない。皆さんは知っているけれど。

救世主を現わすために

知らないから、肉体の自分だけの考えで進んでゆくわけ。それがアメリカでありソビエトであり、いろいろな国なのです。日本もそうなのです。すべて地球世界の各国というものは、肉体人間としてだけで動いているわけですよ。神様！　と言ったって、キリスト教をあやまって考えている牧師さんや神父さんたちは「天にまします我らの神よ」ですよ。大概、わが内にましますの神とイエスは教えているのだけれど、そうはなかなか言わない。「天にましますの我らの神よ、御名の崇められんことを……」と言うのでしょう。そういう言い方で、天にましますにしてしまう。天にまします、というとどうしても天というのは向こうになるからね。直接、自分たちの知恵になり、力になって、この中に神様がある、神の子である自分が動いている、という感じにはなかなかならないのですよ、どうしても。被造物・造られたものの感じがしてしまう。だから神様は神様。神様に加護してもらって、うまく無事にゆきますように、とは思うけれども、自分はやっぱり業生《ごうしょう》の人間なのだ。

業生の人間が政治を執り、業生の人間が事業をし、業生の人間が話し合うわけですよ。向こうも業でしょう。業と業とがぶつかってゆくわけです。業というものは一番自分の身近な者を愛するわけですから、身近な者のためにやろうとする。そうするとアメリカはアメリカの身近な者のための幸福を思うでしょう。ソビエトはソビエトの幸福を思うでしょう。幸福観が違うのだからぶつかるに決まっているでしょう。片方は資本主義の形態でゆこう、片方は共産主義でゆこう――これはぶつかるに決まっている。話し合いなんかつきませんよ。ただごまかしあって、時間を延ばして、戦争なら戦争の時間を延ばすだけで、お互いが本心から手をつなぐということは、今の思想的な考え方からすれば不可能です。どうやったって不可能。

ただ皆が客観的にみて、何かいいほうに考えたい。それで安心したいから、ソビエトとアメリカと会談すれば、何とかいい考えが出るだろうとか、うまく平和になるだろう、とかチャチな甘い考えで、永久にソビエトとアメリカに任せていたら平和になりません。それは肉体人間として話し合っているのだから、業と業とが話し合っているのだから、絶対に平和にならないのですよ。相対的で、お互いの利害関係だからね。そうするとお互いの利害関係を超えたものがなければ、世界は平和になりっこないでしょう。

それは肉体人間界にはないのですよ。誰が話し合ったって、どこの首相が出たって、ネールさんが出てこようがそれはダメなのですよ。肉体の人間として話しているから。何が話さなければならないか、というと、神様が大神様がそのまま出てなくてもいいですよ、守護神から話さなければだめですよ。「アメリカや、お前これではダメだよ」「ソビエトよ、これではだめだよ」ということにならないと、本当の話し合いにならないし、平和にならない。

ところが実際問題として、守護霊さんも守護神さんも形には見えませんね。見える世界に導き出さないとダメでしょう。それは知恵として導き出すかもしれない。科学力として出てくるかもしれない。或るいはそのままズバリと出てくるかもしれない。あらゆる出方があるわけです。まず科学力として出てくれば、米ソの原子爆弾も水素爆弾も、あらゆる武器が使えなくなるような科学力で出てくれば、戦争にならないです。あらゆる兵器が使えなくなるような科学力が出たとすれば、小競り合いはあるかもしれないけれども、ひとまず亡びることにはなりません。

大体、平和というものの根本は心だから、皆の心が相対的な心――「自分は肉体人間なので神様とは別なのだ」という考え方がなくなることが根本的に大事なんです。なくなってしまえば、人類は兄弟姉妹なんだな、ということで、業生は業生としながらも、しかも神様に任せるような形になりますわね。そうすると、大神様のみ心を一番よけい現わしている、いわゆる日本の天皇というのがありますね。そういう形でもなんでもいいですから、一つの中心になるものの言う通りに動くようになるですよ。そういうふうに持ってゆかないことにはとてもいけません。

韓国を見ているとわかります。誰も中心になるものがない。中国に毛沢東がいました。まがりなりにもああいうように治まってしまったのは、毛沢東がすごく偉かったからです。だからあそこまで抑えてきた。毛沢東なんてものよりもっと偉い、いわゆる神のみ心そのものの救世主が出てくればいいでしょう。

ちゃんと出てくるようになっている。必ず出てくるわけ。それで救世主というものを日本的には天皇ということになる。天皇ということにこだわることはありませんよ。肉体的なことを言っているのではないですからね。救世主というような形がハッキリ中心に出てこない限りはダメです。ダメですけれど、今出てきたってしようがない。まだ人間の心が業生でしょう。相対的な争いのあるような世界では、救世主が形として出てこられないです。中心に本当に出てこられない。そこで私たちは救世の大光明という、光明力によってあらゆる人々の業想念というものを消し去ろうとしているわけです。それが世界平和の祈りなのです。

業想念はいつもいつも出ます。出るけれども、出たままで救世の大光明の中、世界平和の祈りの中に入っていけば、自分の心が楽になります。そういう経験者がここにたくさんいます。自分で悩みぬいた人は世界平和の祈りがあるために、悩みが三分の一、十分の一で済んでいるわけです。だんだん慣れてゆけば、しまいに百分の一、千分の一で済んでしまう。そういう人たちをたくさんつくるわけですよ。つくってこの地球世界が穏やかな波、平和な波になってくると、救世主が現われられるのです、肉体的にパッと。

その前に、宇宙人というような形で、肉体的に宇宙人が現われて、宇宙科学というものをわれわれに教えてくれて、宇宙科学でもって、アメリカやソビエトを抑えるだけのものを用意してくれる、と私は思っているのです。思っているのではなく、そうなることになっているのですよ。そのため私たちは一生懸命、世界平和の祈りをやっている。世界平和の祈りというのは、自分たちが救われると同時に、世界人類を救う大切な大切な祈りなんです。今までにいろいろな祈りがありますよ。けれど祈りというのは自分たちが救われたい、というだけなのだね。そんなチャチなのではなく、自分が救われると同時に、世界人類が救われる祈りが世界平和の祈りです。

世界平和の祈りはどうしていいか

世界平和の祈りはどうしていいか、というと、世界平和というのは神様の大み心なのだから、大み心の中に入ればいいに決まっている、完全円満になるに決まっている。その仲立ちとして守護霊守護神があるし、肉体的には私がここにいます。だから世界平和の祈りというものは非常に素晴らしいものなんです。それで一番いいことは、この頭の中で〝世界人類が…〟といちいち噛みしめて言わなくてもいいということね。ちょうどラジオやテレビのダイヤルをひねるように、パッとひねればいい。するとパッとひびいてくる。とにかくちょっとでもひねれば、ひびきが入ってくるわけね。声が聞こえ、姿が見えてくるわけですね。だから世界人類が平和でありますように、ではなく、日本が平和でありますように、と先に言ったって、守護霊さんへの感謝を先にやったって、どっちだっていい。祈ろうと思えばダイヤルをひねったことになるから、パッと光が入ってくる。そうするといつの間にか業想念というものが消えていって、知らない間に楽になって安心してくるわけね。

何べんも何べんも業が出てくるけれど、何べんも何べんも祈ってやっていると、知らない間に業想念が少なくなって、いつの間にか安心立命した自分がそこに現われてくるわけ。一人の人が安心立命すれば、世界人類はそれだけ安心立命しているわけ。二人がすればそれだけ、百人がすれば百人だけの宇宙の光が広がってゆくわけです。それを私が言っているわけです。

病気をしていても「痛い、苦しい、治らないか」と言っているよりも、治るも治らないもそんなこと構わないで、世界平和の祈りの中に入れていけば、痛いと思う期間が少ないし、嫌だなァと思う期間が少ないでしょう。少なければ、それだけ光が出ているのだから、悪いほうの想いの中に入りこまないようにしなければいけないです。嫌だなァ、悲しいなァと思う、淋しいなァと思う、そういう想いの中に、嫌だ嫌だと入っていったら、いつまでたってもその想いの中をグルグル回されちゃう。そういう時には「ああそうじゃない、世界平和の祈りの中に入れてしまおう。悲しいな、世界人類が平和でありますように。悲しいなァ、世界人類が平和でありますように」と泣きながらでも世界平和の祈りをしていれば、いつの間にかその嫌な想いというものは、世界平和の大光明の中で消えてゆくんです。

そうやって皆さんがやって、まず先達になって、あとの人がその真似をしてくれればいいのです。そうすると、宇宙人のほうも出てくるし、サァ本当の救世主というような形が何か神秘的な形になって現われてくると思うのですね。そしたらしめたもの。それまでにはもう何年もかかりますよ。この中では大方の人が霊界へ行ってしまうかもしれないけれど、霊界でもいいや、役目が済んでゆけば。地球がよくなるということは、やっぱり霊界のほうもいいことになる。

私は、神界、霊界、幽界、肉体界と分けてはいるけれども、本当は波の違いだけなのです。だからこうやってこのまま居ながら、肉体界でもあるし、幽界でもあるし、霊界でもあれば神界でもある。神界がこのままあるのです。わかりますか、業想念の〝嫌だァ〟〝ああだこうだ〟と言っている時には幽界にいるのです。「あのやつシャクにさわる」という時も幽界なんです。「ああつまらない」というのも幽界なのです。誘拐《ゆうかい》されちゃうわけだ（笑）

心がスッキリしている。澄み切っていなくても、嫌な想いがあってもすぐ「ああ嫌な想い、これは消えてゆく姿だな、世界平和の祈りの中へ」とすぐ思えるようになれば、いつでも霊界神界にいられるわけです。そういうことを私は教えているわけなのですね。

この世界は想いが創っている

この現われている世界は想いが創っている世界なのです。だから想いというものを、一番明るい光明世界にやりさえすればいいのです。世界平和の祈りはその方法なのですよ。神様のみ心と一つの想いにすれば、神様が現われてくるでしょう。悪魔と同じ想いをすれば、悪魔が現われてくるのです。本当は悪魔なんてあるわけではないのだけれども、自分で作ろうと思えばいくらでも作れます。

ニコニコ笑っている時はいい顔の美人が、怒った時には、柳眉《りゅうび》をさかだててしまって、二目《ふため》と見られない顔になる。あんなに可愛い人があんな顔をするのかしら、という時もあるのだから。どっちがいいかというと、ニコニコしている時の顔のほうがいいですね。心がいつも明るいという時は、皆を愉快にしますよね。

明るくするにはどうしたらいいか、といったら、暗い想いをなくすればいいでしょう。簡単なことです。悲しい想い、嫌な想い、暗い想い、怒りの想い、妬みの想いをなくすればいいのでしょう。なくすればいいのだけれども、自分ではなくならない。それでサァ預ってあげましょう、といって世界平和の祈りが出たのだから、世界平和の祈りの中に預ってもらえばいい。預ってくれるのですから。だから嫌な想いが出たら、世界人類が平和でありますように、と預ってもらえばいいのですよ。そうすると救世の大光明のほうでどんどん消してくれるわけ。

そうすると自分が光ってくるでしょう。光ってきたということは、人類が光ってきたということ。自分が救われるということは同時に、人類が救われるということなのです。倍、十倍、百倍にもなって救われてゆくわけです。自分が光になって、神様と一つになって、自分の本心が光り輝いていれば、そこにくる先祖というものは、迷った人もみな浄まってゆくのですよ。ですから一人出家すれば九族救われる、ということはあります。

出家ということはどういう意味かと言いますと、いわゆる俗世界を出て、神様のみ心の中に入る、ということなのです。業想念の家を出る、というわけです。それで神様の中に入ってしまえばいいでしょう。だから皆さんは出家ですね。皆、頭の黒い出家です。白い人もあるけれど（笑）

想いというものが大事。想いが平和の祈りの中に入る。神様のみ心に入ってゆく。入っていれば、その人は幸せなのです。そういうふうに入れる人は幸せだし、なかなか入りにくい人は、友だちや仲間の人たちに助けてもらって入ればいいでしょう。それでもまだ入れなかったら、先生に文句でもなんでも言ってきなさい。「まだ出来ないです」と言って私を突っついてもいいですよ。私は怒りはしませんから。

「先生、世界平和の祈りをすれば、すぐ心が冷静になると言うけれど、冷静になりません」と言ってきたっていいですよ。「ああそうかい」と私は言うだけだから、それでポンポンと手を叩く。とんだことを言う、なんて言わないから。「ああそうかい」と言うだけだから。私は聞き流すことの名人です。なんでも「ああそう、そうですか」とたいがい黙って聞いています。こっちから光を与えているのです。そう喋っていると向こうは満足しちゃう。想いが散るでしょう。

ふつうの人と喋っていても、喋ると中にあったものがどんどん出てきますからね、喋るほうは心が楽になるわけ。私みたいな人の所に来て喋っていれば、こっちは光で、業をもらいながら光を出しているから、いつの間にか知らない間に明るくなってくる。それで二、三日はさっぱりしている。まあ一週間ぐらい持つらしいです(笑)一週間たつと持たなくなって、またやってくるわけです。そこでパンパーンとお浄めやられると、またよくなる。というようなもので、要するに自分の想いを神様に任せてしまって、本来、神の子である自分の本心が光りさえすればいいのですよ。

何も難しいことはありはしない。それを昔の宗教は難しいことを言っちゃったのですよ。山にこもったり、滝にあたったり、難しい修行ばかりしていたわけなのね。今の世界では出来ません。昔は悠長だったから、食べるに困らなかったからね。今の坊さん食えやしないですよ。お葬式なんかないと食べられないでしょう。だからお坊さんは学校の先生なんかしています。本業だか副業だかわからない。坊さんという商売がだんだんなくなってくるのです。世の中が世知辛くなってきたのね。皆、頭が冴えてきたんだ。要するに形の世界にだんだん把われなくなってきた。それはいいことだと思うのですよ。

今の若い人たちはドライでしょう。割り切っている。自分のものを出そうとする。自分を犠牲にしたりしませんね。自分を幸せにしようと思う。それは私はいいことだと思うのです。だけど、これが行きすぎてしまうと、親なんか放り出して、自分だけが幸せになって親なんか知らない、というのが随分多いのですよ。それは行き過ぎだけれども、自分を幸せにして、自分を出そうとすることはいいことだと思うのです。

自分を出さないで、自分の想いをキューッと押しつめて、それで家の犠牲になって、よく昔の人はありますね。身売りをして苦界に身を沈めた。あとからあとから親から責められて暮らしているような人がありました。いかにも感心そうに見えるけれど、あまり感心したことじゃないやね。親を堕落させるのだからね。

自分のことを犠牲にすることもいけない。といって、自分のことを出すのだから、といって自分の幸福ばかりを考えて、親なんかすっとばして「私はこの人が好きよ、お母さんやお父さんなんか自分たちでやればいいでしょう。さようなら」と、この頃はやっていますよ。これをやると輪廻《りんね》して自分が子どもにやられちゃうからね。あまりよくない。両方ともに行きすぎだけれども、やっぱり自分というものを出すということは必要ですよ。

自分の本当の姿を出すためには、あまり我慢したり、こらえあったりしないで、そういうものを適当に消えてゆく姿として、うまく出して消さなければだめよね。そういうことが大事なのです。そこで私の教えというのは、そこのところが丁度、中庸になっている。

消えてゆく姿で世界平和の祈り、消えてゆく姿というのは、本当に悪いものがないわけなの。悪いものが消えてしまうのだからね。どこに消えてゆくかと言うと、世界平和の祈りの神様のみ心の中に消えていってしまう。そうすると自然にすうっと大神様の光が入ってきて、自分が浄らかになるわけです。

これは言葉でも相当わかるのだけれども、統一するほうがなおわかる。そういうものですよ、想いの波だから。

（注12）教義「人間と真実の生き方」。巻末参考資料の174頁参照。

参考資料

人間と真実の生き方

人間は本来、神の分霊であって、業生《ごうしょう》ではなく、つねに守護霊《しゅごれい》、守護神《しゅごじん》によって守られているものである。

この世のなかのすべての苦悩は、人間の過去世《かこせ》から現在にいたる誤《あやま》てる想念が、その運命と現われて消えてゆく時に起る姿である。

いかなる苦悩といえど現われれば必ず消えるものであるから、消え去るのであるという強い信念と、今からよくなるのであるという善念を起し、どんな困難のなかにあっても、自分を赦《ゆる》し人を赦し、自分を愛し人を愛す、愛と真《まこと》と赦しの言行をなしつづけてゆくとともに、守護霊、守護神への感謝の心をつねに想い、世界平和の祈りを祈りつづけてゆけば、個人も人類も真の救いを体得出来るものである。

世界平和の祈り

世界人類が平和でありますように
日本が平和でありますように
私達の天命が完うされますように
守護霊様ありがとうございます
守護神様ありがとうございます

〈宇宙神―直霊―分霊について〉

第１図

宇宙神（大神様）は、まず天地に分かれ、その一部の光は、海霊、山霊《やまだま》、木霊《こだま》と呼ばれ、自然界を創造し、活動せしめ、その一部は、動物界を創造し、後の一部の光は、直霊《ちょくれい》と呼ばれて、人間界を創造した。（第１図）直霊は、各種の光の波を出し、霊界を創り、各分霊《ぶんれい》となり、各分霊が直霊より分けられた光（心）により創造力を駆使して幽界、肉体界を創造した。その過程において、各分霊は、自ら発した念波の業因《ごういん》の中に、しだいに自己の本性を見失っていった。

第２図

そこで、直霊は自己の光を分けて、分霊たちの守護神となし、守護神は、最初に肉体界の創造にあたった分霊たちを、業因縁《ごういんねん》の波から救い上げた。この分霊たちは、守護霊となり、守護神に従って、ひきつづき肉体界に働く後輩の分霊たち（子孫）の守護にあたることになった。そして分霊の経験の古いものから、順次、守護霊となり、ついには各人に必ず一人以上の守護霊がつくまでになって、今日に及んでいる。（第２図）

著者紹介：五井昌久（ごいまさひさ）
大正５年東京に生まれる。昭和24年神我一体を経験し、覚者となる。白光真宏会を主宰、祈りによる世界平和運動を提唱して、国内国外に共鳴者多数。昭和55年８月帰神（逝去）する。著書に『神と人間』『天と地をつなぐ者』『小説阿難』『老子講義』『聖書講義』等多数。

発行所案内：白光（びゃっこう）とは純潔無礙なる澄み清まった光、人間の高い境地から発する光をいう。白光真宏会出版本部は、この白光を自己のものとして働く菩薩心そのものの人間を育てるための出版物を世に送ることをその使命としている。この使命達成の一助として月刊誌「白光」を発行している。

白光真宏会出版本部ホームページ　http://www.byakkopress.ne.jp
白光真宏会ホームページ　http://www.byakko.or.jp

講話集4　想いが世界を創っている

平成二十六年十月二十五日　初版

著者　五井昌久
発行者　平本雅登
発行所　白光真宏会出版本部
〒418-0102　静岡県富士宮市人穴八一二―一
電話　〇五四四（二九）五一〇九
FAX　〇五四四（二九）五一一二
振替　〇〇一二〇・六・一五一三四八
東京出張所
〒101-0064　東京都千代田区猿楽町二―一―十六　下平ビル四〇一
電話　〇三（五二八三）五七九八
FAX　〇三（五二八三）五七九九

印刷所　加賀美印刷株式会社

ISBN978-4-89214-208-6 C0014

五井昌久著

自然シリーズ
大生命の絵巻1・2・3
各巻本体 一四〇〇円＋税 〒220

人間の知恵を超えた宇宙大自然の営みの神秘不可思議さがここにある。宗教家であり詩人でもある五井昌久が、四季折々の自然の循環を見つめ、そこに宿る宇宙法則の美しさ、天地の理を説き明かした随想集。

大　決　意
本体 一六〇〇円＋税 〒250

生きる姿勢を決める。これこそ決意中の一大決意。日々の心の姿勢が、知らぬ間に将来の自分を選び取っているのだ。平安で力強い日々の心を獲得するにはこうすれば良いと、無理のない具体的な指針を全編にわたって示す。

詩集 **ひびき**
本体 一四〇〇円＋税 〒250

宗教精神そのもので高らかにうたいあげた格調ある自由詩と短歌を収録。一読、心が洗われる。

歌集 **冬の海**
本体 一八〇〇円＋税 〒250

心を練って言葉を練れ、言葉を練って心を練れ、歌は心であると透徹した心がうたう世界平和、信仰、神、人生など三六三首の短歌を収める。

歌集 **夜半《よわ》の祈り**
本体 一八〇〇円＋税 〒250

祈りによる世界平和運動を提唱した著者が、天地自然の美を最も単純化した表現で詠む。各歌の底にひびきわたる生命の本源のひびきが現代人の心に真の情緒を呼び覚ます。晩年に発表した作品を中心に三三〇首を収録。

＊定価は消費税が加算されます。

西園寺昌美著

果　因　説
—意識の転換で未来は変わる
本体　一六〇〇円＋税　〒250

果因説とは、因縁因果の法則を超越し、全く新たなイメージで未来を創り上げる方法です。もう過去に把われる必要はありません。果因説を知った今この瞬間から、新しい未来が始まるのです。

人　生　と　選　択
本体　一六〇〇円＋税　〒220

二〇〇四年に各地で行なわれた講演会の法話集。自分の望む人生を築くには瞬間瞬間の選択がいかに重要であるかを分かり易く説き明かす。

人生と選択2
本体　一五〇〇円＋税　〒220

世界を変える言葉
本体　一四〇〇円＋税　〒250

一人一人は瞬々刻々、世界に大きな影響を与えている——。人々が何気なく口にする「言葉」の持つ力について明確に解説した書。

今、なにを信じるか？
—固定観念からの飛翔
本体　一六〇〇円＋税　〒250

信念のエネルギーが、私たちの未来をカタチにしている。自分でも知らないうちに信じていたものを解放する——そこから運命の大転換が始まる。人間の本質に気づき、内在する無限なる働きを信じ、光明思想に自らのエネルギーを注いでゆけば、輝かしい人生を創造できると説く。

我《われ》　即《そく》　神《かみ》　也《なり》
本体　一六〇〇円＋税　〒250

あなた自身が神であったとは、信じられないでしょう。だがしかし、それは確かに真実なのです。人類も一人残らず本来神そのものであったのです。私達は究極は神なのです。

白光出版の本

真理ステップ
～白光真宏会の教え～
西園寺由佳著
本体 一六〇〇円＋税 〒250

世界平和の祈り、消えてゆく姿、人間と真実の生き方、印、果因説……核心はそのままに進化する白光の教えを会長代理・西園寺由佳がやさしく紹介しています。

ワーズ・オブ・ウィズダム
～心のノート～
西園寺由佳著
本体 一六〇〇円＋税 〒250

日々浮かんでくる〝どうして？〟〝なぜ私が？〟という疑問。でも、ちょっと見方を変えたら、その答えは自分の中にあることに気づくはず。誰の心の奥にも宇宙の叡智とつながった〝本当の自分〟が存在しているのだから……。人生の見方を変えるヒントが一杯つまった、心を輝かせるフォトエッセイ集。

心の中の足あと
西園寺由佳著
本体 一八〇〇円＋税 〒250

この本の中の、愛と平和のひびきを通して、そこに存在するシンクロニシティーの場を感じていただけたら嬉しいです。瑞々しい筆致で綴られたエッセイと世界中の若者たちの写真が、今という時代を共に生きる一人一人に大切なメッセージを語りかけます。

自分の力で輝く
西園寺真妃著
本体 一六〇〇円＋税 〒250

あなたはどちらですか？　月のように他の光で輝く人と、太陽のように自分で輝く人。この本には、自分の力で輝くためのヒントと方法がちりばめられています。どんな人も自らの力で輝けるのです。輝いてみようと思い、試してみればいいのです。

いとおしい生命《いのち》
―私たちは天国からの使者
西園寺里香著
本体 一六〇〇円＋税 〒250

どんな人でも日常のあらゆる感情と向き合い、祈りに変えれば、生命はイキイキと輝きはじめる。人生とは天国に続く物語なのだから――。心が次元上昇する書。

＊定価は消費税が加算されます。